図解でわかる

ランダムウォーク&行動ファイナンス理論のすべて

田渕直也
Tabuchi Naoya

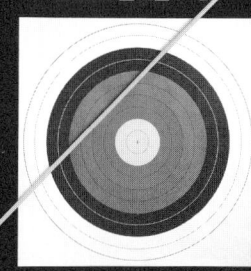

Random Walk & Behavioral Finance

日本実業出版社

はじめに

　成熟した経済社会においては、投資や運用は、とても重要な意味をもちます。たとえば、1,400兆円といわれる日本の個人金融総資産の平均運用収益が1％上下するだけで、年間14兆円もの損益が家計に発生する計算になるのです。
　ただ、日本では投資や運用に関する教育がまだ十分ではなく、英米などの投資先進国と比べるとマーケットに対する理解も未成熟といわれています。しかし、日本はかつての高度成長期から成熟した経済への（少し長い）移行期にあると考えられます。これからますます投資や運用の重要性が高まるなか、投資理論やマーケット理論の浸透も進んでいくのではないかと思います。
　投資に対するアプローチの仕方としては、大雑把に分けると、経験論的なものと、アカデミックで理論的なものがあります。たとえば、チャート分析は前者に属するものといえます。
　しかし、経験論的なアプローチは環境が変わると機能しなくなることがよくあります。しかも、投資はきわめて精神的な行動であり、同じ手法を用いても、実行する人によって結果が大きく異なります。一方のアカデミックな投資理論は、昔から「実践には役に立たない」といわれています。とくに投資業務に携わっている人ならば、教科書通りの投資手法がうまくいかないことは、肌身に感じていることだと思います。
　もちろん、経験論的アプローチや理論的アプローチがまったく無意味だというつもりはありません。ただ、理論的アプローチの土台のない経験論は独り善がりになりやすく、逆に理論的すぎるアプローチは現実的ではなくなってしまう恐れがあります。つまり、両者はうまく融合されなければ、それぞれが活きてこないのです。
　同時に、本当の意味での投資理論は、ある種の発想の転換を必要とす

るものでもあります。

　ウォール街の超一流トレーダー出身で、歴史に名を残す財務長官といわれたロバート・ルービン氏の思考や行動には、"**確かなものなど何もない、すべては確率論としてとらえるべきである**"という信念が貫かれているといいます。それが彼のトレーダーとしての成功を支え、財務長官としての素晴らしい業績を生み出しました。

　マーケットの本質は"不確実性"です。「こうすれば必ず儲かる」という方程式は残念ながら存在しません。したがって、優れた投資理論とは、「マーケットの本質である**不確実性にどう対処するか**」ということを解き明かすものにほかなりません。

　"不確実性"や"確率論"という言葉が出てきたからといって、アカデミックな抽象論に走る必要はありません。本書でも、アカデミックな厳密さや理論的な分類などには重点を置かず、現実のマーケットの構造をできるだけ直感的に理解してもらえるように努めています。むしろ、そのほうが投資理論としてははるかに機能的になると思います。

　何か絶対的な理論があってそれを現実にあてはめていくのではなく、現実のマーケットの構造を理解し、それに対処していくことこそが真の投資理論の目的だからです。

　もうひとつ、投資においては、本文で"マハン大佐の教え"として紹介している重要な法則があります。「**自分自身で考え、納得したやり方でないと、いざというときに応用が効かない**」というものです。

　本書の解説は特定の考え方に偏ったものではないと思いますが、それを鵜呑みにする必要はなく、むしろ読者の方一人ひとりが"自分の投資理論"を形成する一助となることができれば幸いです。

2005年3月

田渕　直也

図解でわかる
ランダムウォーク&
行動ファイナンス理論のすべて

目 次

はじめに

第1章

マーケットとは何か？
投資とは何か？

- ◉マーケットは不思議で魅力的な世界 …………………………14
- ◉マーケット構造を解明する理論的アプローチの流れ ………15
    - 正統的投資理論と実践的投資家の反論　15
    - 物理学と心理学のマーケット理論への応用　16

- ◉投資における最大の難問〜必然なのか偶然なのか …………19
- ◉実績パフォーマンスの意味と問題点 …………………………21
    - 適切なベンチマークが使われているか　21
    - リターン・リバーサル　23

- ◉期待リターン〜投資家がコントロールできる唯一のこと ……25
    - 正確に期待リターンを割り出すことはできない　26
    - 大切なのは確固たる信念＝投資哲学　27

コラム１
経済学は投資に役立たない？ ………………………………………30

第2章

ランダムウォーク理論が示唆する投資の虚無的な世界

- ランダムウォーク理論とは …………………………………………34
- ランダムウォーク理論への反論とそれに対する反論 …………37
    非合理的な投資家の存在と情報の偏在　37
    マーケットはブラウン運動ではなくカオス？　39
- ランダムウォーク世界では何が起こるのか ……………………40
    ファンダメンタルズ分析もチャート分析もまったく無意味　40
    アクティブ運用の期待リターンはパッシブ運用を下回る　41
    サルでもスーパー投資家になれる？　41
- 現実のマーケットは何処まで効率的か？ ………………………42
    現実の価格変動の分布から見たマーケットの効率性　42
    ランダムウォーク世界での架空の相場から見たマーケットの効率性　45
- マーケットは、人が感じる以上にランダムウォークに近い …47
- マーケットがかなり効率的になる理由 …………………………48
- しかし完全には効率的にならない ………………………………49
- 市場の効率性は成熟度で決まる …………………………………51
- ランダムウォーク理論の位置づけと重要度 ……………………52

    コラム2
    高名な投資家たち ……………………………………………………56

第3章

行動ファイナンス理論が示唆するマーケットの非効率の存在

- ●行動ファイナンスとは？ …………………………………60
- ●トレンドの過小評価〜ギャンブラーの誤謬 …………62
  - カオス理論によるトレンド発生の仕組み　63
  - ギャンブラーの誤謬が裏目に出ると……　65
  - トレンドの過小評価から過大評価へ　66

- ●プロスペクト理論 ………………………………………69
  - 経済学は宝くじさえ説明できない　69
  - ペテルスブルグのゲーム　71
  - 損失回避人間の登場　73
  - 損失回避人間の行動パターン　76
  - 永遠に負け組投資家で終わるとき　77
  - 現実的な歪んだ効用曲線　79

- ●リスク・プレミアムの登場 ……………………………82
  - 社債の利回りに含まれるリスク・プレミアム　83
  - 株式プレミアムの謎　86
  - 人気と投資価値は反比例　89
  - リスクテイカーは報われる　91
  - 機関投資家の投資制限の影響　93
  - リスク・プレミアムを収益化するには本能に逆らうことが必要　97
  - リスクヘッジは高コスト　98

- ●自己関与の幻想 …………………………………………100
  - 「理解できるものにしか投資しない」というバフェット理論は多くの投資家に逆効果　101

専門家主義の限界　　102
●勝った気になってしまうメカニズム ……………………………104
●投資におけるゲンかつぎの意味 …………………………………107
　コラム3
　　プロスペクト理論 ……………………………………………110

第4章

マーケットにひそむ
落とし穴

●ファンダメンタルズ分析の罠 ……………………………………114
　　ファンダメンタルズ分析　　114
　　ランダムではないトレンドの発生　　115
　　経済指標にはランダムでないトレンドを生み出す力はない　　116
　　ゆっくりとしか伝わらない情報とは何か　　117
　　現実の経済指標と相場の関係(1)　　120
　　現実の経済指標と相場の関係(2)　　122
　　人間は将来予測が苦手　　125
　　エコノミスト的スタンスとファンダメンタルズの罠　　126
　　コンセンサスの誤謬(1)〜マーケットコンセンサスの意味　　128
　　コンセンサスの誤謬(2)〜コンセンサス運用の危険　　130
　　通説のパラドックス　　131
●テクニカル分析の罠 ………………………………………………132
　　テクニカル分析　　132
　　テクニカル分析の背景にある考え方とその有効性　　134

ランダムウォークに現われるチャート・パターン　　135
　　　チャート・パターンの有効性　　141
　　　チャートに現われる印は原因ではなく結果　　144
　　　テクニカル分析から導き出されるのは分析者の解釈だけ　　146
　　　テクニカル分析は無用の長物か　　146

●損切りができない〜最も危険で最も陥りやすい罠……………147
　　　認知的不協和における自己正当化　　149
　　　"情熱的"自己正当化局面　　150
　　　ついに自己正当化しきれずに損切り、そして相場はなぜか反発へ　　151
　　　損切りがなぜ大切なのか　　152

　コラム4
　物理学はとても神秘的 ………………………………………156

第5章

恐るべき"敗者のゲーム"の ルールとは

●一般的な"敗者のゲーム"の定義 ……………………………160
●本当の"敗者のゲーム" ………………………………………161
●投資は巨額損失の押し付け合い ………………………………163
●投資における逆ハンディキャップとプロ/アマの差 …………164
●投資の学習曲線 …………………………………………………165
●投資は人間の本性との戦い ……………………………………167
　　　フリーランチには貪欲に食らいつく　　168

コラム5
博打の必勝法──マーチンゲール？ ……………………………170

第6章
マーケットにわずかに存在する期待リターンの源泉と投資手法

- 期待リターンがプラスの投資機会 ……………………………174
- ランダムでないトレンドとミーン・リバージョン ……………175
- 罠に陥りやすいスタティック・アプローチ ……………………176
- ダイナミック・アプローチの登場 ………………………………177
- マーケット・アプローチの概要 …………………………………180
    - マーケット・アプローチは従来の分析とは発想を逆にしたもの　181
    - マーケット・アプローチの前提となるマーケットの予測力　182
    - マーケットの予測力をエコノミストやアンケートと比較すると……　183
    - テクニカル分析との融合　187

- キーファクター・アプローチの概要 ……………………………188
- 仮説検証型シナリオ・アプローチの概要 ……………………192
- ダイナミック・アプローチの伝道師 ……………………………195
    - ダイナミック・アプローチに基づく金融政策の発動　196
    - グリーンスパンがもたらした投資家へのインパクト　197

- 難易度の高いミーン・リバージョン戦略 ………………………199
- ランダムでないトレンドとミーン・リバージョンに適した投資家……202

- ◉重要性が高いリスク・プレミアム …………………………203
- ◉リスク・プレミアムにおける分散投資の意味 ……………204
- ◉リスク・プレミアムの測定 …………………………………207
    - 社債の場合　207
    - 株式の場合　208
- ◉リスク・プレミアムの周期性 ………………………………209
- ◉リスク・プレミアムにおける長期投資の意味 ……………211
- ◉リスク・プレミアム投資に適した投資家 …………………212
- ◉投資の王道、アービトラージ ………………………………213
- ◉アービトラージ戦略に適した投資家 ………………………221
- ◉ヘッジファンドに見る勝ち組の投資手法 …………………223
    - アービトラージにフォーカスを当てるタイプのもの　225
    - イベント・ドリブン・タイプのもの　226
    - ダイレクション・ドリブン・タイプのもの　227
    - セクター・ドリブン・タイプのもの　229
- ◉オポチューニスティック・スタイルへの展開 ……………229
- ◉オポチューニスティックの対抗馬、深彫りストラテジー ……232

> コラム6

　数字の神秘 ……………………………………………………236

第7章

投資での成功に
必要なもの

- 投資に必要な資質 …………………………………………240
- 前提となる二つの条件 ……………………………………241
- 信念と柔軟さのバランス …………………………………244
- 投資に必要な発想法 ………………………………………245
- 自分だけの投資戦略とマハン大佐の教え ………………249

コラム7
勝敗を分けるもの ……………………………………………252

コラムイラスト／高木一夫
本文DTP／Office DIMMI

第 1 章

マーケットとは何か？
投資とは何か？

- ●マーケットは不思議で魅力的な世界 …………………………14
- ●マーケット構造を解明する理論的アプローチの流れ ………15
- ●投資における最大の難問〜必然なのか偶然なのか ………19
- ●実績パフォーマンスの意味と問題点 …………………………21
- ●期待リターン〜投資家がコントロールできる唯一のこと ……25

コラム1
経済学は投資に役立たない？ …………………………………30

マーケットは不思議で魅力的な世界

　マーケットはとても不思議で、そして深遠な世界です。
　マーケットでの行動は、ある商品を買うか売るかしかなく、その結果も勝つか負けるかしかない単純なもののはずなのですが、現実のマーケットは非常に複雑です。どんな経験論も理論も、マーケットのすべてを説明することはできません。ある状況では有効だった理論が、別の状況では機能しない、といったケースも多く、完成した理論や数学的な解が存在しない世界なのです。
　このマーケットの複雑さは、マーケットに備わっている偶然性、もしくは不確実性と呼ばれる性質に起因しています。
　マーケットは偶然性に支配されるのか、あるいは何らかの法則性に支配されるのか、については長年にわたって議論され、いまだに最終的な決着を見ていません。しかし、こうした学術論争はさておき、マーケットでの投資の実践者という立場からすれば、「マーケットは偶然性に完全に支配されることはないが、しかし、かなり強く影響を受ける」というのが現実的な認識です。
　こうしたマーケットの特徴は、投資家にとっては非常に厄介なものとなります。しかし、だからといってマーケットを敬遠する必要はありません。
　マーケットは、賭博的な単純なスリルを楽しむ場にもなれば、効率的に金銭的利益を追求できる場にもなります。そして、知的探求心の対象としても非常に魅力的です。正解のない複雑な世界だからこそ、常に新しい発見があり、常に知的探求心を満足させてくれるのです。
　昔から投資にのめり込む人は少なくありません。ハイリスクな対象に全財産を注ぎ込むというような意味でなければ、投資に夢中になること

自体は悪いことではありません。むしろそれこそが投資での成功の第一条件であり、知的作業としても大いに人の欲求を満たしてくれるものとなるでしょう。

マーケット構造を解明する理論的アプローチの流れ

●正統的投資理論と実践的投資家の反論

　マーケットを理解するために、いままで無数の研究者が理論的解明を試みてきました。そのなかでも"正統的"とされるのが経済学的アプローチです。数学（代数学）的アプローチといってもいいでしょう。本書では、これをスタティック・アプローチと呼んでいます。

　この理論を簡単にいうと、「いくつかの重要な経済指標などのデータを与えると、方程式の解のように正しい将来予測が導かれる」という考え方です。

　実践の場では、理論やアプローチの有効性が重要なのであって、"正統的"かどうかは関係ありません。ですが、こうしたスタイルが"正統的"もしくは"伝統的"なアプローチとされ、現在でも多くの機関投資家に受け継がれています。

　しかし一方で、こうした古典的な経済学的アプローチは現実のマーケットの動きをとらえられず、有効ではないという見方をする人も多く存在します。本格的な個人投資家、銀行や証券会社のディーラー、一部の有力ファンド・マネジャーなどの間では、こうした考え方のほうが優勢だと思われます。

　昔からマーケットでは、経済学を揶揄するような話（**コラム1参照**）が連綿と語り継がれています。これは"正統的"アプローチに対する実践的投資家の反論であり、"正統的"にやっても利益が得られるわけで

はない、という教訓を伝えるものでもあるのです。

●物理学と心理学のマーケット理論への応用

　正統的な経済学的アプローチに対し、より現実的なマーケット理論を構築しようという試みも続けられています。とくに、物理学と心理学の応用は近年大きな進展を見せています。

　たとえば物理学の応用により、本書でも詳しく触れる「ランダムウォーク理論」が生み出されました。多くの実践投資家は、このランダムウォーク理論を学術的な理論として無視していますが、この理論は無視するにはあまりにも説得力があります。実際、この理論をもとに生まれたパッシブ運用[注1]は、現在の投資・運用業務のなかでも大きな役割を果たしています。

　また、複雑系の研究やカオス理論の発展に伴い、物理学を使ってマーケットのダイナミックな構造を解明する新しいジャンルの研究も生まれています。「経済物理学」[注2]といわれる分野です。

　一方の心理学については、もともと相場は人間心理によって形成されるものだということが多くの投資家に認識されていました。そして近年になって、心理学の手法をマーケット理論へ応用する研究も大きく発展しています。この分野は「行動ファイナンス理論」と呼ばれ、ノーベル経済学賞を獲得するなど、すでに幅広く認知され始めています[注3]。

　こうした新しい理論的アプローチで解き明かされつつある現象は、実は従来からマーケットの経験知として知られてきたものがほとんどで、それほど目新しいものではありません。ある意味、理論研究は、常に経験的知識の後追いをしているといえるかもしれません。

　しかし今までは、理論研究者と実践投資家の間には大きな溝があって、お互いの主張を相容れないものとして対立してきました。新しい研究分野は、そうした溝を埋め、「現実を説明できる」理論を生み出していく

▶図1-1 マーケット／投資理論の系譜

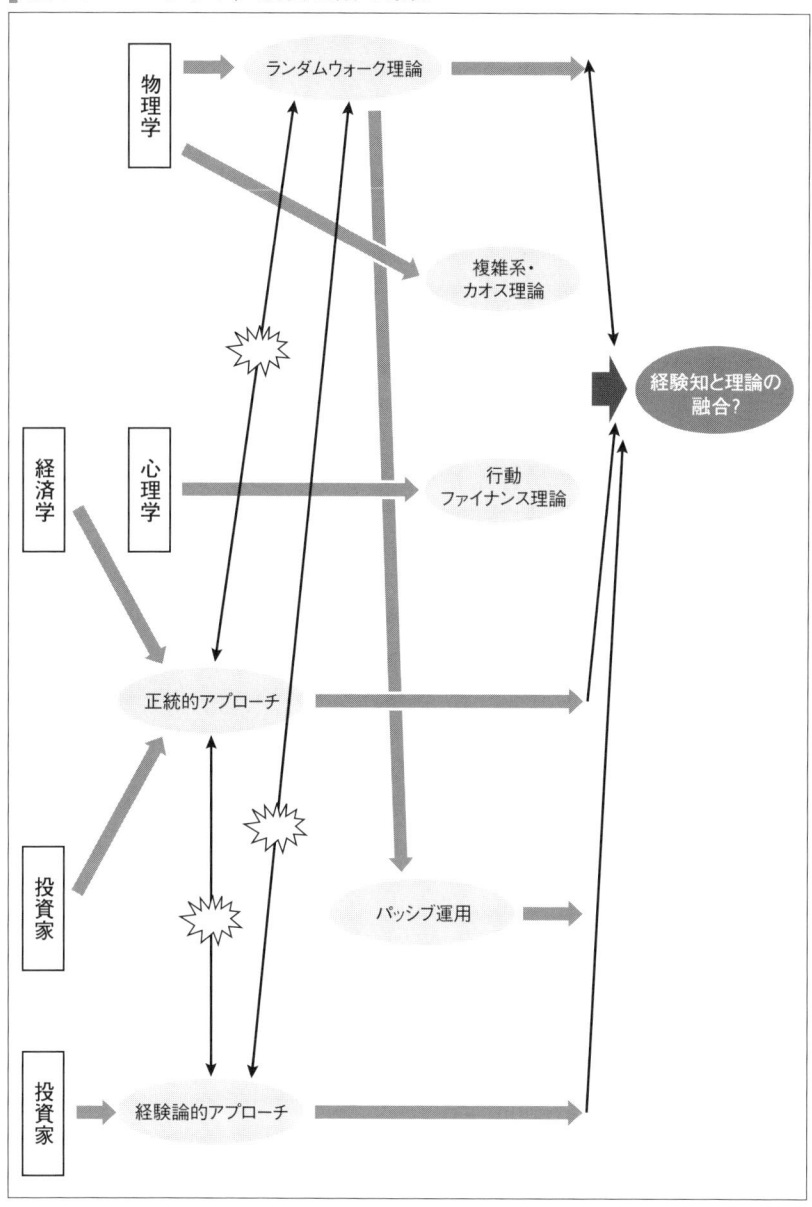

可能性をもっています（**図1-1**）。

　繰り返しになりますが、"理論"が大切なのではありません。理論は現実をよりよく説明し、よりよく理解するためのツールなのです。

　ただ、こうしたツールとしての理論が発展することにより、マーケットの構造がわかりやすく簡潔に説明できるようになりつつあるという点で、その意義は極めて大きいといえるでしょう。

（注1）パッシブ運用は、株価指数などのインデックスのパフォーマンスをできるだけ忠実に再現するように運用することをいいます。運用担当者であるファンド・マネジャーの判断や恣意が入らない機械的な運用で、インデックス運用ともいわれます。これに対して、ファンド・マネジャーの判断によって積極的に追加的リターンを狙う運用をアクティブ運用といいます。

（注2）経済物理学（Econophysics）は、1997年に名づけられたとされる非常に新しい研究分野です。物理学を応用して経済現象を解明しようとするもので、とくに複雑系やカオス理論を取り入れているところに特色があります。日本でも、高安秀樹氏の著作などで紹介されています。

（注3）行動ファイナンス理論（Behavioral Finance theory）は、心理学の応用で経済現象を解明しようとする行動経済学の一種です。この分野の第一人者の一人、ダニエル・カーネマン教授が2002年のノーベル経済学賞を受賞するなど、経済学の重要な一分野として確立されつつあります。

投資における最大の難問〜必然なのか偶然なのか

本書ではこれからマーケットの構造を分析し、どのような投資スタイルで臨むべきかを考えていくわけですが、その前に投資における最大の難問について触れる必要があります。

それは、マーケットでは**何が必然で、何が偶然か**ということがはっきりとはわからないということです。

具体的にいえば、勝ったり負けたりすることが、投資家の実力によるものなのか、それともたまたまなのかがはっきりと断定できないのです。

たとえば、60％の確率で勝てる実力をもった優れた投資家A、40％の確率でしか勝てない劣った投資家B、投資行動をサイコロで決める投資家C（彼の本来の勝率は50％）がいるとします。

次ページの**図1-2**は、これら投資家A、B、Cが10回投資をした場合の勝ち負けシミュレーションを示したものです。

確率計算をしてみると、投資家Aが10回投資して結局勝ち越せない確率は37％ほどもあり、逆に投資家Bが負け越さない確率も同じ約37％です。一方で、サイコロ投資家のCが勝ち越す確率も約38％あり、結果だけでA、B、Cの優劣を判断するのは困難です。

つまり、本当の実力を知らないで、数回の投資結果だけを見て投資家の優劣を判断することは、ほとんど不可能なのです。

優れた投資家が負けを重ねて自信を失ったり、周囲の評価を得られない事態は十分に起こりえます。逆に劣った投資家がたまたま勝ち続けて高い評価を得ることもあります。それが、投資の世界です。

理論的には回数をどんどん重ねていくことによって、本来の勝率が次第に浮かび上がってくるのは確かですが、何百回、何千回と試すことが難しい現実の世界においては、あくまでもそれはおぼろげにしか浮かび

▶ **図1-2 異なる勝率をもつ投資家による勝ち負けシミュレーションの例**

コンピュータ上でそれぞれ勝率40％、50％、60％の投資家をつくり、各例につき10回ずつ投資をさせて、その勝ち負けを記録したもの。

＜例1＞

	1回目	2回目	3回目	4回目	5回目	6回目	7回目	8回目	9回目	10回目	合計勝敗
投資家?	LOSE	LOSE	LOSE	LOSE	WIN	WIN	WIN	WIN	LOSE	LOSE	4勝6敗
投資家?	LOSE	LOSE	WIN	WIN	WIN	LOSE	LOSE	WIN	WIN	WIN	6勝4敗
投資家?	WIN	WIN	WIN	LOSE	LOSE	WIN	LOSE	LOSE	LOSE	LOSE	4勝6敗

＜例2＞

	1回目	2回目	3回目	4回目	5回目	6回目	7回目	8回目	9回目	10回目	合計勝敗
投資家?	WIN	WIN	WIN	WIN	WIN	LOSE	WIN	WIN	WIN	LOSE	8勝2敗
投資家?	LOSE	LOSE	WIN	WIN	WIN	WIN	LOSE	WIN	WIN	LOSE	6勝4敗
投資家?	WIN	LOSE	LOSE	WIN	WIN	WIN	LOSE	LOSE	LOSE	WIN	4勝6敗

＜例3＞

	1回目	2回目	3回目	4回目	5回目	6回目	7回目	8回目	9回目	10回目	合計勝敗
投資家?	WIN	WIN	LOSE	LOSE	WIN	LOSE	WIN	WIN	WIN	LOSE	5勝5敗
投資家?	WIN	LOSE	WIN	LOSE	LOSE	LOSE	LOSE	LOSE	LOSE	LOSE	2勝8敗
投資家?	WIN	LOSE	WIN	WIN	LOSE	LOSE	WIN	LOSE	WIN	LOSE	5勝5敗

一回ごと、あるいは一例ごとの結果だけを見ても、どの投資家の実力が優れているのかはわからない。実際には上から順に投資家A（勝率60％）、投資家B（勝率40％）、投資家C（勝率50％）である。30回トータルすると投資家Aがトップに立つが、投資家Bは2番手につけている。いずれにしろ、差は明瞭なものではない。

上がってきません。一定以上のサンプルを集めればかなりの精度で確率を推定できるという考え方は、現実にはほとんどの場合、使うことができないのです。

以上は当たり前の話ではありますが、投資を考えるうえでさまざまなところに出てくる大切な概念です。偶然性、不確実性、確率事象……名前はともあれ、マーケットのこうした特徴には真実を覆い隠してしまう性質があるのです。

実績パフォーマンスの意味と問題点

現実には、ある投資手法や投資家の運用の巧拙を判断する確かなデータとしては、過去の実績しかありません。これが投資に混乱と誤解を呼び込んでしまいます。

実績パフォーマンスは、かなりいい加減な物差しであり、先ほど述べたように、マーケットの不確実性のもとでは投資の実力をストレートに反映するものではないということに注意すべきです。

●適切なベンチマークが使われているか

そもそも投資で勝ったかどうかという単純な判定も、見かけほど簡単ではありません。たとえば、株式投資で利益を出したり損したりしながら、合計ではほんの少しだけ儲かったというような場合、この一連の投資で果たして勝ったということになるでしょうか。

投資には、リスクを負わずに確実に得ることができる一定の収益というものがあります。これをリスクフリーリターンといいます(注)。

厳密にいえば（先進国の場合）国債の利回りがそれに当たります。LIBOR金利やスワップ金利もリスクフリー金利としてみることができ

ます。しかし、あまり厳密に定義にこだわる必要はなく、とくに個人投資家の場合は、銀行定期預金（ペイオフの保護対象内）や国債以外の高格付債券なども含めて考えればいいでしょう。

　たとえば1年間運用できる資金があったとして、1年満期のリスクフリー金利で運用すれば、リスクを負わずにその金利分の収益を上げることができるわけですから、わざわざ株に投資をするのであれば、そのリスクフリー金利を上回る収益を上げなければ勝ったとはいえません。

　さらにいえば、その資金を最初から株で運用することに決めていた場合は、インデックスファンドというものを買っておけば、株価指数にほぼ連動したリターンを得られるわけですから、いろいろな銘柄を売買する必要はありません。

　つまり、最初から株に投資することを決めていて、そこでわざわざ銘柄を選んで積極的な売買をする場合は、インデックスファンドのリターンを上回らなければ勝ったことにはならないのです。

　こうした勝ち負けの基準はベンチマークと呼ばれていますが、肝心な点は、投資家によって、あるいは投資資金の性格によって、このベンチマークが違ってくるということです。

　このベンチマークが正しく設定されていないケースはよく見られます。たとえば、特定のセクター（たとえばIT産業）に集中して投資することが決められているファンドが、日経平均よりもパフォーマンスが悪くなったとします。しかし、それがそのセクター全体が悪くなったためにそうなったのか、運用の仕方が悪かったためか、これだけではわかりません。ベンチマークがそぐわないものであれば、勝ったか負けたかも判然としなくなってしまうのです。

　つまり、単純に勝ち負けといっても、勝ち負けの判定基準はまちまちであり、さらには判定基準が正しく設定されていない場合には、そもそも勝ち負けの定義自体があやふやになってしまうことになります。

（注）リスクフリーのリスクとは、期待していたリターンが返ってこなくなるリスクで、フリーは「～がない」という意味ですから、リスクフリーとはリスクのない利回りということになります。

● リターン・リバーサル

仮に勝ち負けの基準であるベンチマークが正しく設定されていて、勝ち負けの判定が正確になされているとしましょう。それでも、前述したように、その勝ち負けが実力によるものなのか、たまたまなのかを判別することは大変な困難を伴います。

そこに、さらにリターン・リバーサルという新たな問題が加わります。

リターン・リバーサルは、ある期間中にリターンがよかった銘柄群は、総じて次の期間にはリターンが悪くなるという現象のことです。転じて、ある期間中にリターンがよかった投資家やファンドが、次の期間にはリターンが悪くなってしまうというような現象にも当てはめることができます(注)。

こうした現象は、数多くの実証研究で確認されていて、かなり一般的な現象であると思われます。単純な例を挙げてみましょう。

IT関連の成長企業に集中的に投資する投資家がいたとします。そうした投資家はITバブルのときは、投資の巧拙にあまり関係なく高いリターンを上げることができます。しかし、ITバブルが崩壊すれば、この投資家はかなりの損害を被ることになるでしょう。つまり、こうした投資家はITバブル期に高いリターンを上げても、その後、局面が変わってしまうとパフォーマンスが悪化する傾向があるのです。

次に信用売りを行なわずに、買って後で売るという一方向の投資だけを行なうデイトレーダーを考えます。相場が全般的に上がっている局面では、このデイトレーダーは運用の巧拙にかかわりなく、かなりの確率で高い収益を上げることができるでしょう。しかし、相場が下落局面になれば、損失がかさむ可能性が高くなっていきます。この場合も、局面

▍図1-3　投資におけるリターン・リバーサル現象

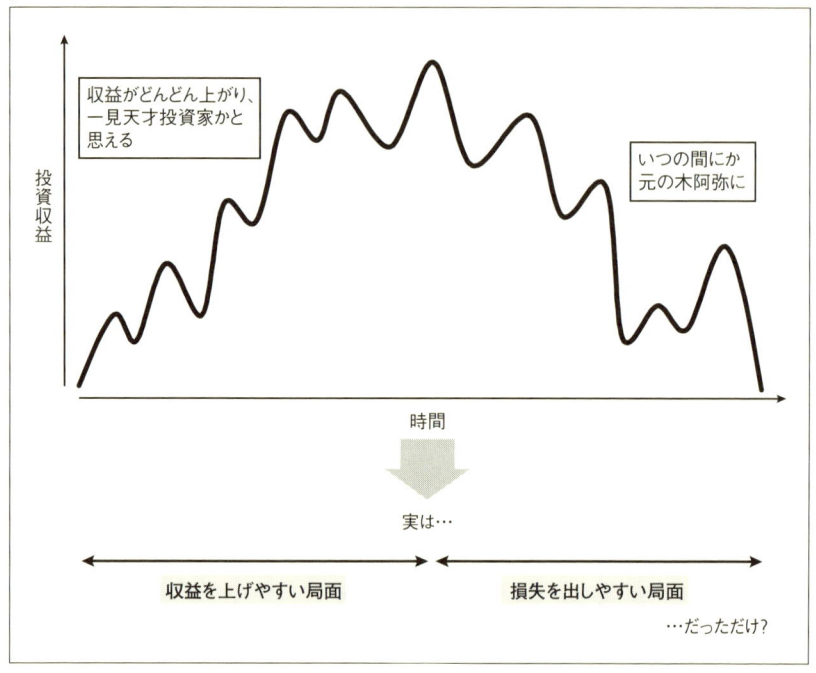

が変わることによってパフォーマンスは逆転してしまうことになります。
　こうした単純な例に限らず、どんな投資家も、どんな投資スタイルも、必ず何らかの癖をもっているもので、そうすると、程度の差はあっても完全にリターン・リバーサル現象から逃れることはできないことになります。つまり、投資家によって、収益を上げやすい局面と、損失を出しやすい局面があるのです（図1-3）。
　このリターン・リバーサル現象が普遍的に成り立つとすれば、短期的な実績だけで投資の優劣を判断していると、惨憺たる結果につながってしまう恐れがあります。もちろん、本当に優れた投資手法や投資家の場合は、こうしたリターン・リバーサル現象を乗り越えて、最終的に良好なパフォーマンスを残すことができるでしょう。通常、相場の中期的な

サイクルは3～5年程度ですから、それを超える期間の実績パフォーマンスならば、リターン・リバーサル現象の影響も薄まると考えられます。

ただし、もっと長いサイクルでリターン・リバーサル現象が起きている可能性もありますし、それ以外のさまざまな偶然性の影響も含めて考えると、実績パフォーマンスがほぼ実力を示すと考えられるようになるには、10年や20年以上といった期間が必要になってしまうのです。

> （注）第6章で述べるミーン・リバージョンと非常に似た概念です。リターン・リバーサルやミーン・リバージョンは、完全に偶然性に支配されるランダム世界では生じません。コイン投げでいうと、何度裏が出ても次に表が出る確率は変わらないのがランダム世界ですが、ミーン・リバージョン世界では、裏が出れば出るほど次に表が出る確率が上がっていきます。通常は、何らかの要因で表裏どちらかが出る確率が高くなり、やがてその反動が現われるというメカニズムを内包しています。

期待リターン～投資家がコントロールできる唯一のこと

実績（少なくとも短期の実績）がアテにならないとしたら、優れた投資であるかどうかを判断するには何を用いればいいのでしょうか。

前述の優れた投資家A、劣った投資家B、サイコロ投資家Cの話に戻りましょう。

結果（実績）のうち偶然性に左右される部分については、人間が支配することはできません。コントロールできるのは本当の勝率だけで、この本当の勝率は期待リターンと呼ばれます（図1-4）。

サイコロ投資家Cの勝率は50％で、取引コストを無視すれば期待リターンはゼロになります。もちろんCには勝つチャンスもありますが、もし実際に勝ったとしたらそれは完全にたまたまの結果です。

この場合、投資は完全な博打になります。博打のスリル自体が心理的

▶図1-4 不確実性の霧に包まれる期待リターン

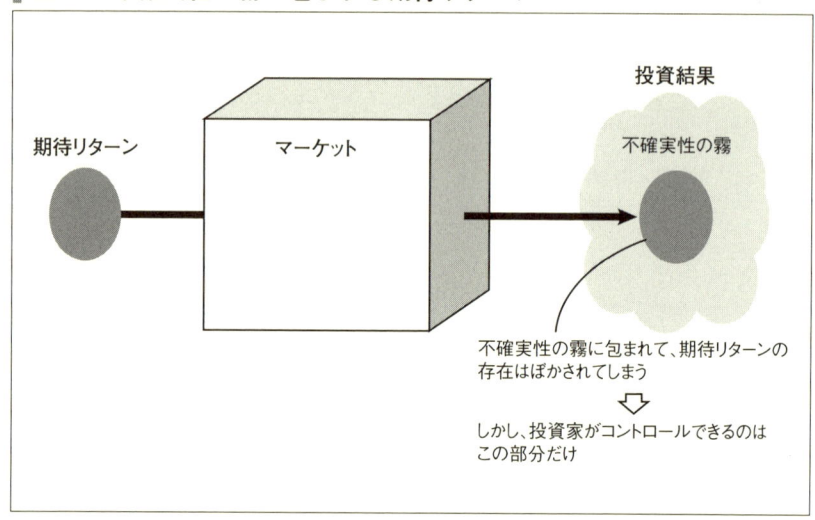

な満足を生み出すと考えれば、サイコロ投資をやる意味は十分にあるでしょう。しかし、投資を経済的な利益の追求手段ととらえるならば、サイコロ投資を上回る勝率(プラスの期待リターン)を自分のものとする以外にありません。

● 正確に期待リターンを割り出すことはできない

　投資においては期待リターンこそが最も大事なものなのですが、これが、先ほどの投資家の優劣の話のように正確には測定できないことが投資における最大の難問となっているのです。

　測定するのが難しいからといってこの期待リターンを考えなければ、投資はただの当てずっぽうとなってしまいます。また、正確に測定できないということは、推定ができないことを意味しているのではありません。方程式の解のようにきっちりと答えが出ないといっても、だいたいの見当はつけられますし、論理的に推定していくこともできます。

投資の世界では、この見当をつける能力のことを投資センスといい、論理的に推定していくときに使われるロジックのことを投資理論と呼んでいます。換言すれば、**「投資とは、期待リターンの見当をつけ、それを論理的に推定していく作業」**にほかなりません。

ところが、この期待リターンという言葉には多くの誤解・誤用がみられます。

一般に、期待リターンは現在の相場水準が変わらなければとか、何も特別なことが発生しなければ、など一定の条件のもとで得られるリターンという意味でよく使われています。

たとえば、ある企業の満期1年の社債があり、利回りが5％であるとすると、この5％は"1年後までにこの企業が債務不履行に陥らなければ"という条件つきのリターンになります。

しかし、この企業が債務不履行に陥る確率が3％だということがわかっているとすれば、大雑把にいって、本当の期待リターンはその分を差し引いた2％ということになります。

ただし、将来その企業が債務不履行に陥る確率やその時点の債券価値は、あらかじめ正確に予測することはできないため、期待リターンも正確に割り出すことはできません。

● **大切なのは確固たる信念＝投資哲学**

結局、「この投資対象の期待リターンがプラスである」とか、「私のやり方は平均的には勝てるはずだ」というのは、方程式の解のように厳密に証明できるものではなく、最終的には信念によるものなのです。

この信念のことを投資哲学といいます。純粋な博打を楽しむのでない限り、投資にはこの投資哲学が不可欠です。投資哲学をもたずして、プラスの期待リターンを追求することはできません。

「投資は科学である」という言い方は、"科学"という言葉が信念や哲

▶図1-5 投資理論には諸科学と哲学の融合が必要

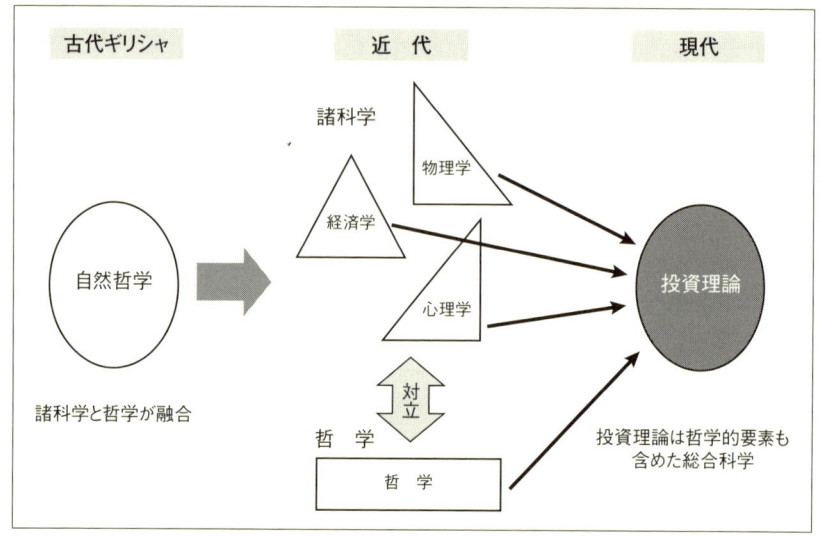

学的要素を含まない狭義の科学を意味するものならば、誤りです。

チャート分析も、ファンダメンタルズ分析も、バフェットやソロスの投資理論も、相場格言も、すべては信念であり、哲学なのです。

古代ギリシャでは、科学はさまざまな学問分野と融合し、かつ哲学と一体となって"自然哲学"と呼ばれるものを形成していました。

もともと科学とは、自然とは何か、万物を成り立たせる根本原理はあるのかという哲学的な問いかけを論証していくためのものだったのです。科学は本来、哲学と一体のものとして生まれたわけです。それがさまざまな分野に細かく分けられ、哲学的な要素と切り離され、さらに有力とされる通説とそうではない異論とに分けられてしまうようになったのは近代のことです。

物理学に革新をもたらした相対性理論や量子力学は、そうした狭義の科学のやり方にとらわれず、哲学的な思考と論理の飛躍によって、まさに金字塔ともいうべき成果を打ちたてました。投資理論でも、従来はま

ったくの別分野だと思われていた物理学や心理学との融合によって新しい展開がひらけてきています。

　細分化されていた科学が再び融合され、哲学的な思考と一緒になることによって、今までの科学の限界は打ち破られ始めています。科学が、本来の古代ギリシャ的科学の姿をとり戻しつつあるといえるのかもしれません。

　科学という言葉を、こうした古代ギリシャ的意味で使うのであれば、まさに「投資は科学である」ということになるでしょう（図1-5）。

COLUMN1

経済学は投資に役立たない？

　経済学史において最も有名な経済学者の一人、ジョン・メナード・ケインズは、株式投資を始めた当初に大損をしたことでも有名です。もちろん、どんな優秀な投資家でも投資に失敗することはあります。しかしこのエピソードは、ケインズほどの大経済学者でも投資には失敗するのだ、という教訓を伝える話として語り継がれているのです。

　実は、ケインズと並び称され、彼の最大のライバルともいわれたジョセフ・シュンペーターも投資では大失敗しています。

　ケインズとシュンペーターは、まさに経済学界の巨人であり、経済学の知識と洞察力において二人に優る人はほとんどいません。その二人ですら、投資はままならないものなのです。経済学をいくら究めたところで、それが投資での成功に結びつくものでないことは明らかでしょう。

　このほかにも、経済学は実践（投資）には役に立たないことを示唆する話は無数にあります。一番有名なものは、気球の小話でしょう。

　"ある男が気球に乗っていたところ、風に流されて知らない土地へ来てしまった。高度を下げ、地上を歩いている男に、「私は今どこにいるか教えていただけませんか？」と聞いたところ、地上の男は「あなたは今、気球の中にいますよ」と答えた。気球の男は、「彼は経済学者に違いない。言っていることは正しいが、まったく何の役にも立たない」とつぶやいた……。"

　また、"経済学者はコンピュータと同じ"というものもあります。そのココロは、"すべての情報を与えなければ、決して答えを出そうとしないから"です。

　こうした小話は、単なるジョークではなく、経済学が陥りやすい落とし穴を見事に警告しています。

　経済学のすべてがこうだというのは言い過ぎですが、確かに"古典的"とか"正統的"な経済学で

は、わかりきったことをもっともらしく説明したり、確実な情報を得てからでないと結論らしい結論を出さなかったりするという傾向があります。

　運用会社や証券会社などで経済分析を担当する人も経済学者と同様にエコノミストと呼ばれます。投資に有益な経済分析をするためには、"正統"な経済学的手法ではなく、むしろそこから離れてマーケットに密着した分析をすることが重要になります。

　また、運用会社や証券会社には、投資戦略を立案するストラテジストと呼ばれる人たちがいます。ストラテジストは、まさに投資で利益を上げるために経済分析を利用する人たちです。

　最近ではエコノミストとストラテジストの区別がかなり曖昧になってきていますが、純粋なエコノミスト的なスタイルよりも、よりストラテジスト的なスタイルが重視されるようになってきていると言えるでしょう。

第2章

ランダムウォーク理論が示唆する投資の虚無的な世界

- ◉ランダムウォーク理論とは ……………………………………34
- ◉ランダムウォーク理論への反論とそれに対する反論 …………37
- ◉ランダムウォーク世界では何が起こるのか ……………………40
- ◉現実のマーケットは何処まで効率的か？ ………………………42
- ◉マーケットは、人が感じる以上にランダムウォークに近い ……47
- ◉マーケットがかなり効率的になる理由 …………………………48
- ◉しかし完全には効率的にならない ………………………………49
- ◉市場の効率性は成熟度で決まる …………………………………51
- ◉ランダムウォーク理論の位置づけと重要度 ……………………52

コラム2
高名な投資家たち ……………………………………………56

ランダムウォーク理論とは

　マーケットのメカニズムを考える際、まず最初に取り上げる必要があるのは「ランダムウォーク理論」です。

　ランダムウォーク理論とは、マーケットの成熟度が高ければ、相場の変動はブラウン運動に従うという考え方です。これは、すべての投資理論の出発点となるものといえます。

　ブラウン運動は1827年、イギリスの植物学者ロバート・ブラウンが花粉の観察中に発見したものです。花粉をくだいた微粒子を水に入れると不規則な動きをみせます。それがブラウン運動です。学校の理科の実験で、水の中にインクを垂らして拡散していく様子を観察した記憶がある方も多いでしょう。花粉やインクの微粒子が、水分子の衝突によって、不規則なひらひら運動をする現象です。数学的にはウィーナープロセスともいいます。

　このブラウン運動が相場の動きにも適用されるためには、以下の３つの条件が成り立つことが前提となります。

　１．相場を変動させうる情報は、瞬時にマーケットに広がる（情報コストがゼロ）
　２．売買に際して、税金や手数料などがかからない（取引コストゼロ）
　３．すべての投資家は、金銭的利益を最大化するように行動する（合理的投資行動）

　マーケットがこの条件を満たしていて、その結果、相場の変動がブラウン運動に従うという考え方を「効率的市場仮説」といいます。「仮説」とついているのは、特定の前提に基づく理論モデルという意味ですが、この仮説上の効率的市場では、次のことが起こります。

　ある証券価格を１％上昇させる情報が発生すると、それは瞬く間にマ

ーケットに広がり、投資家はその１％の値上がり益を得ようとして即座にマーケットに殺到します。その結果、あっという間に証券価格は１％上昇し、その時点で情報は完全に価格に織り込まれ、そこで値動きが止まります。

　ここでいう情報には、将来の予測も含まれています。したがって、企業業績が好転しそうだという予測が立てば、そうした情報も瞬時に価格に織り込まれます。

　この時点からさらに証券価格が動くのは、それまでの予想に反した情報が出てきたときか、あるいはまったく新しい情報が出てきたときで、それが証券価格を値上がりさせるのか値下がりさせるのかはまったく予測ができません。この予想に反する情報やまったく新しい情報が水分子の動きに相当し、証券価格は水の中の花粉粒子のようにひらひらと予測

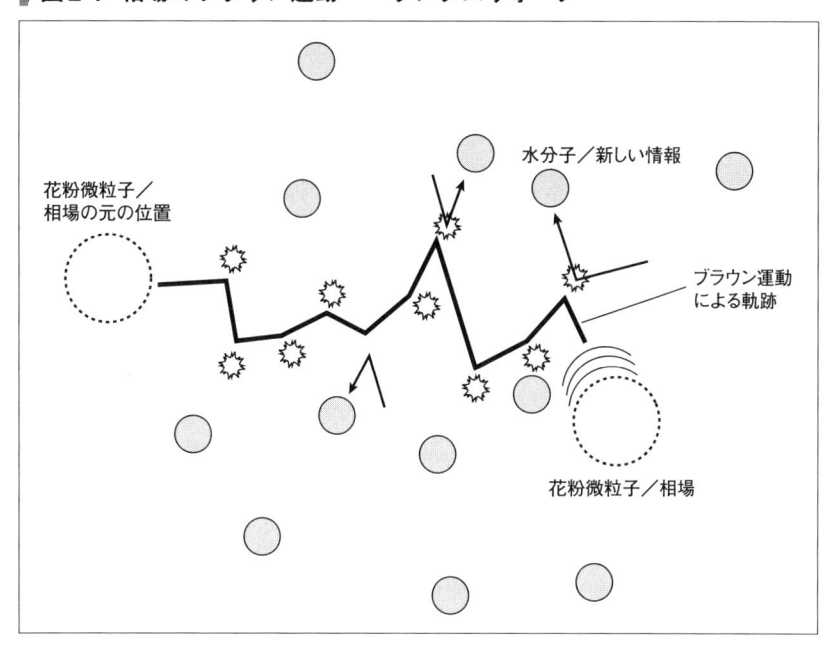

▶図2-1　相場のブラウン運動──ランダムウォーク

▶ 図2-2 ランダムウォーク理論とは

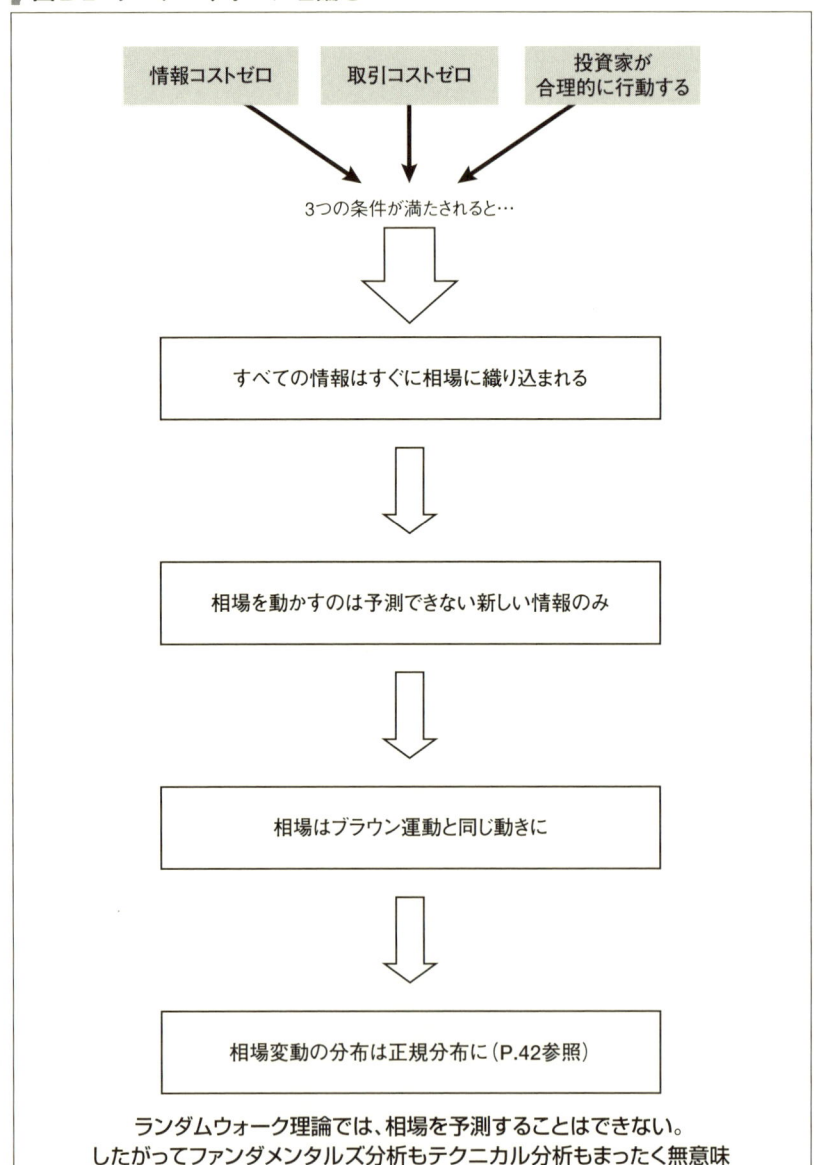

```
┌─────────────┐  ┌─────────────┐  ┌─────────────┐
│ 情報コストゼロ │  │ 取引コストゼロ │  │ 投資家が     │
│             │  │             │  │ 合理的に行動する│
└──────┬──────┘  └──────┬──────┘  └──────┬──────┘
       │                │                │
       └────────────────┼────────────────┘
                3つの条件が満たされると…
                        ▽

        ┌──────────────────────────────────┐
        │ すべての情報はすぐに相場に織り込まれる │
        └──────────────────────────────────┘
                        ▽
        ┌──────────────────────────────────┐
        │ 相場を動かすのは予測できない新しい情報のみ │
        └──────────────────────────────────┘
                        ▽
        ┌──────────────────────────────────┐
        │ 相場はブラウン運動と同じ動きに        │
        └──────────────────────────────────┘
                        ▽
        ┌──────────────────────────────────┐
        │ 相場変動の分布は正規分布に（P.42参照） │
        └──────────────────────────────────┘
```

ランダムウォーク理論では、相場を予測することはできない。
したがってファンダメンタルズ分析もテクニカル分析もまったく無意味

できない不規則な動きをすることになるのです。これがランダムウォークです（図2-1、図2-2）。

ランダムウォーク理論への反論とそれに対する反論

　このランダムウォーク理論にはさまざまな反論があります。相場は水中のインク粒子のような無味乾燥としたものではなく、もっとロマンティックなものだというところでしょう。ランダムウォーク理論は前述の3つの前提条件のもとに成り立つので、反論するにはこれらの条件を崩していく以外にありません。

　詳しくは次章以降で述べますが、ここではまず、ランダムウォーク理論を擁護する立場に立って、代表的なランダムウォーク理論への反論に対する反論をしてみたいと思います。

●非合理的な投資家の存在と情報の偏在

　まず、ランダムウォーク理論に対する最も一般的な反論は、「すべての投資家が合理的に行動するわけではなく、したがって相場はブラウン運動にはならない」というものでしょう。

　しかし、完全なブラウン運動にならなくてもランダムウォーク理論の有効性が失われるとは限りません。

　一部の投資家が合理的に行動しなかった場合でも、合理的な投資家グループが最終的な価格形成に大きな影響力をもっていれば、合理的でない投資家の行動は吸収され、結局相場はほぼブラウン運動に近い形で推移することになります。

　また、合理的でない投資家の投資行動がまったくバラバラで特定の傾向をもっていない場合には、こうした投資家の行動もまた証券価格に予

▶ **図2-3　ランダムウォーク理論への反論に対する反論**

ランダムウォーク成立の条件	反論	反論に対する反論	ただし……
情報コスト＝ゼロ	情報コストはゼロではない	→ 正しい情報を得て正しく解釈できる投資家が主導権を握れば問題はない → 不正確な情報を得て不正確にしか解釈できない投資家がいても、一定の傾向（偏り）がなければランダムウォークは崩れない	ゆっくりとしか伝達されない情報があれば……
取引コスト＝ゼロ	取引コストはゼロではない	先進国市場では、ランダムウォーク理論が崩れ去るほどの取引コストは一般的に発生しない	パニックなどで、取引コストが増大すれば……
投資家が合理的に行動する	すべての投資家が合理的に行動するわけではない	→ 合理的投資家が主導権を握れば問題はない → 非合理的投資家に一定の傾向（偏り）がなければランダムウォーク理論は崩れない	投資家行動に強い偏りがあれば……

測できない不規則な運動をさせるだけですから、やはりランダムウォーク理論は崩れません。

　次に、「すべての情報が瞬時にあまねく伝わることはない」という反論も予想されますが、これも同じ理屈が当てはまります。

　重要な情報を正しく把握している投資家が価格形成の主導権を握れば、やはりランダムウォークに近い形で相場は推移することになります。不十分な情報しかもっていない投資家が、特定の傾向をもたずにバラバラに行動する場合は、予測できない不規則な動きを加えるだけである点も先ほどと同じです。

　また、取引コストについても、現実にはゼロではありませんから、そうしたコスト面での制約から合理的投資行動が制約され、やはり厳密な意味では効率的市場は成り立たないという反論も可能です。しかし、少なくとも先進国の主要マーケットに関しては、取引コストは十分に低く、

ランダムウォーク理論に対する決定的な反論としてはあまり説得力をもちません（図2-3）。

●マーケットはブラウン運動ではなくカオス？

ランダムウォーク理論に対しては、「実際の相場の動きはブラウン運動に似てはいるが、どうもそれだけでは説明がつきにくいのではないか」ということが以前から指摘されていました。

ランダムウォーク理論は物理学の応用によって生まれた理論ですが、この点に関して、最近は複雑系やカオス理論の応用による反論も展開されています。相場の変動にはカオス的性質が加わっており、単純なブラウン運動にはならないというものです。

物理学でいうカオスとは、ある一定の法則に従っているにもかかわらず、わずかな動きが増幅され、予測不可能な不規則な動きをする現象のことをいいます。

たとえば、物質の状態がある特定の状態（たとえば氷）から別の状態（水）に移ることを相転移といいますが、そのまさに相転移の瞬間に、わずかな動き（氷が水になったり水が氷になったりする動き）が大きく増幅されて予測不可能な振る舞いをする臨界現象が起こります。この臨界現象にカオスは典型的に現われます。

カオス理論などを取り込んだ経済物理学では、市場価格は需要と供給が均衡するように決定されており、したがって常に需要超過と供給超過という二つの状態のちょうど狭間にあってあたかも臨界現象のようなカオス的な動きをもたらすと考えます。そうすると、市場価格は新しい情報がなくてもたえず変動し、時としてブラウン運動で想定されるよりも大きな変動を示すことになります。

この考え方は、確かに現実の相場の動きをランダムウォーク理論よりも上手く説明できる部分があります。ただし、カオスも予測不可能な運

動ですから、相場の変動は予測不可能な動きで形成されているというランダムウォーク理論の根幹を覆すものではなく、むしろそれを補強する理論であると考えることもできます。

ランダムウォーク世界では何が起こるのか

ランダムウォーク理論が成り立つとした場合、マーケットではいったい何が起こるのでしょうか。

● ファンダメンタルズ分析もチャート分析もまったく無意味

　まず、新しい情報はすぐに価格に織り込まれてしまい、その次の価格変動は予想のつかない新しい情報によってのみ発生するので、既知の情報を使って経済分析や企業分析をしても、すべては無意味ということになります。相場を動かすものは予想のできない未知の情報だけですから、それはどう分析しても予測できないのです。つまり、"正統的"投資スタイルであるファンダメンタルズ分析は、やればやるだけ時間とコストのムダということになります。

　チャート分析（テクニカル分析）も同様です。チャート分析とは、過去の相場の動きを分析して将来予測につなげるものです。しかし、ランダムウォーク世界では、将来の動きは過去の動きとは無関係に独立して発生しますので、過去の値動きを調べても意味がないのです。

　チャート分析で浮かび上がってくるように思われる一定のパターンや法則は、すべては偶然のいたずらに過ぎず、それが将来に再現されるかどうかもすべて偶然次第ということになります。

●アクティブ運用の期待リターンはパッシブ運用を下回る

　株価指数などのインデックスのリターンを機械的に再現しようとするパッシブ運用に対して、売買するタイミングを計ったり、銘柄を選んだりして、それ以上の収益を上げようとする運用をアクティブ運用といいます。

　しかし、将来の動きがまったく予想できないランダムウォーク世界においては、そうした積極的な投資行動はすべて運まかせの博打にすぎません。もちろん勝つこともあれば負けることもありますが、それは常にたまたまであって、期待リターンはいつでもゼロなのです。

　より正確にいえば、現実には取引コストがゼロではありませんから、積極的に売買すればするほど期待リターンはそのコスト分だけマイナスになっていきます。さらに、個人投資家がアクティブファンドを買うような場合には、アクティブファンドはパッシブファンドよりも高い手数料がかかるので、投資家への最終的な実入りはさらにその分だけ目減りしてしまうことになります。

　現実の世界においても、1975年、米国でJ. C. ボーグルがこうした考え方に基づき、主に低コストのパッシブファンドを運用するバンガードという運用会社を立ち上げました。「アクティブファンドは長期的にはパッシブファンドに勝てない、それにもかかわらず高い手数料を取るのだから、手数料の低いパッシブファンドこそが投資家にとって最良の選択である」という彼の信念は、バンガードが世界最大の運用会社の一つにまで成長することによって報いられました。

●サルでもスーパー投資家になれる？

　ランダムウォーク世界では、誰が何をやっても期待リターンはゼロ、より正確にいえば取引コストの分だけマイナスとなります。

　それでも偶然性のおかげで、驚異的な勝率を誇る投資家も現われます。

たとえば10戦全勝の投資家は、約1,000人に1人の確率で出現します。20戦全勝の投資家は約100万人に1人です。自分がそうなる可能性は非常に低い（10戦全勝で0.1％、20戦全勝で0.0001％）のですが、宝くじと同じようなもので、そうした幸運に恵まれる人も世の中にはいるのです。1回か2回負けただけの高勝率投資家ならば、さらに数が増えます。

つまり、ランダムウォーク世界でも、めざましい成績を収めるスーパー投資家は生まれます。もちろん、それは偶然の賜物であって、努力も才能も必要ありません。もしマーケットで売買することができるのであれば、サルがスーパー投資家になることだってありうるのです。

もし、現実のマーケットが完全にランダムウォーク世界であるならば、投資理論はここで終わりです。投資は完全な博打であって、後は運頼み、神頼みでしかないからです。

それでは、ここから先、投資理論を展開する余地があるのかどうか、現実のマーケットを見てみましょう。

現実のマーケットは何処まで効率的か？

●現実の価格変動の分布から見たマーケットの効率性

ランダムウォーク理論の核であるブラウン運動は、それを無数に積み重ねると、その変動の分布が正規分布に近づいていきます。したがって、現実のマーケットがランダムウォークに従っているならば、市場価格の変動の分布も正規分布に近い形になるはずです。

金融工学におけるオプション価格計算式として有名なブラック＝ショールズ・モデルも、この原理を利用しています。より正確にいうと、価格変化率がブラウン運動に従うと仮定すると、価格分布は対数正規分布

図2-4 正規分布と対数正規分布

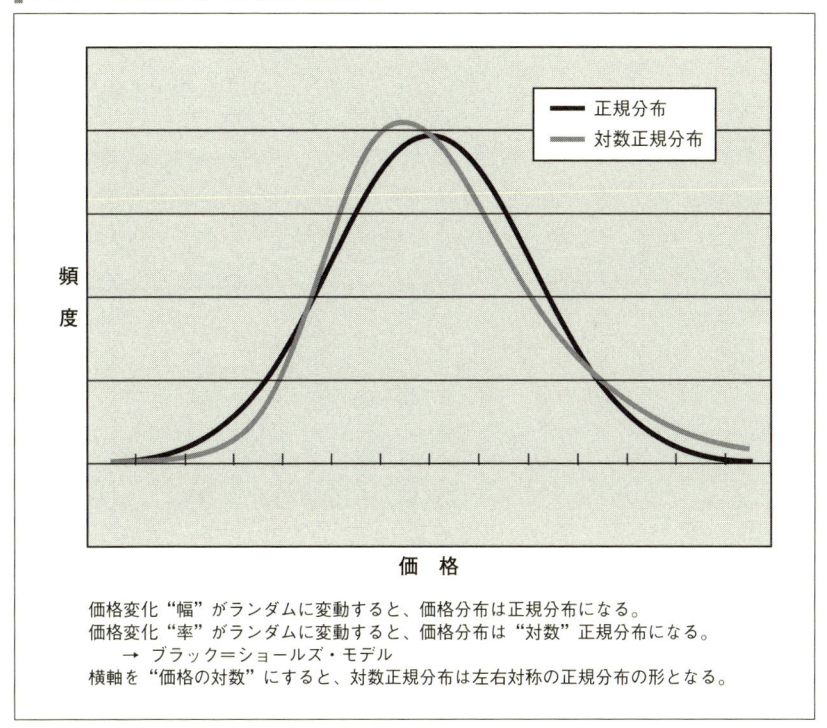

価格変化"幅"がランダムに変動すると、価格分布は正規分布になる。
価格変化"率"がランダムに変動すると、価格分布は"対数"正規分布になる。
　→　ブラック＝ショールズ・モデル
横軸を"価格の対数"にすると、対数正規分布は左右対称の正規分布の形となる。

という形になります（図2-4）。

　図2-5は、過去20年間の日経平均株価指数の価格変動分布を表わしたものです。横軸に価格変動の対数をとっていますので、この分布が正規分布なら実際の価格変動は対数正規分布であるということができます。

　まず、大雑把に見ると、日経平均の実際の価格変動分布は、対数正規分布で想定されているものと非常に近い形になります。これは、日経平均に限らず、先進国の主要マーケットであれば全般的に成り立ちます。

　細かく見ていくと若干のずれが生じています。価格がほとんど変わらないか、わずかに上昇する頻度が、対数正規で想定されるよりも若干高めになっています。また、対数正規分布ではほとんど起こり得ないと想

▶図2-5　過去20年間の日経平均の価格変動分布

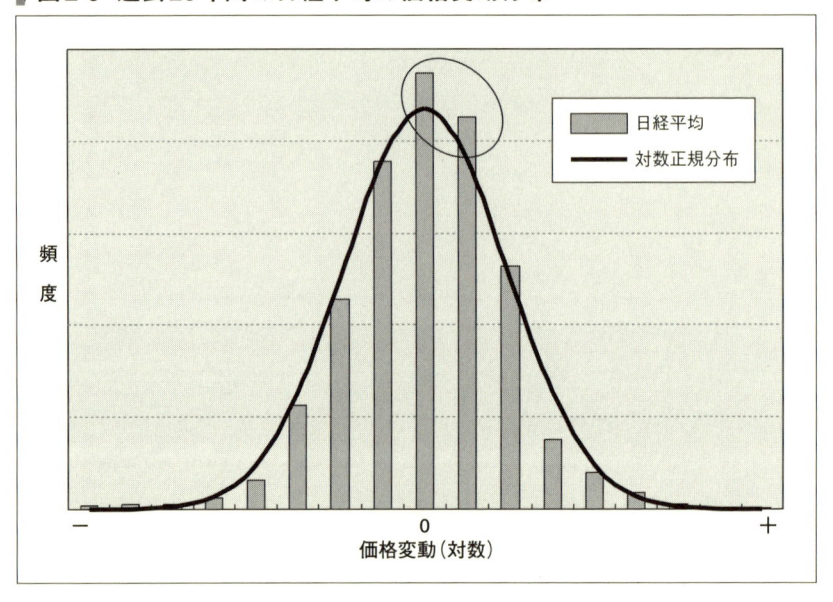

定される大幅な価格変動（とくに下落）が、実際には起こっています。

　こうした傾向が、観測期間や観測対象によってバラバラならばあまり気にする必要はありませんが、現実には多くのマーケットで観測されるもので、ファットテール構造と呼ばれます。こうした構造は、ランダムウォーク理論では想定されていない何らかの非効率がマーケットに起こっていることを示唆しています(注)。

　しかし、マーケットの価格変動は、ランダムウォーク理論で想定されている対数正規分布とほとんど見分けがつきません。もちろん、相場変動の分布が正規分布に近いからといっても、直ちにランダムウォーク理論が成り立っていると結論づけることはできませんが、有力な状況証拠とはいえるでしょう。

　　　（注）価格がわずかに上昇する頻度が高くなるということは、多くの投資家がま

ず株を買うことからスタートし、次いで買っていた株を売るという投資行動をとっているため、買いと売りが対等な行動ではないことに起因しています。また、後ほど説明するように、多くの投資家がコンセンサスに従って行動しがちであることも影響しています。コンセンサスは、わずかにしか価格を動かさないものです。大幅な価格変動が起こることに関しては、カオス理論によって説明することが可能ですが、ごく簡単にいってしまえば、大幅な価格変動が起きたとき投資家はパニックを起こし、価格変動はさらに増幅される傾向があるということです。投資家の行動が、買い→売りという一方向に偏っている場合は、とくに下落時に大きな価格変動が起こることになります。

● ランダムウォーク世界での架空の相場から見たマーケットの効率性

図2-6、2-7を見てください。

図2-6では、上昇トレンドの後、下落トレンドに転じ、さらに上昇トレンドに転じようとしているかに見えます。図2-7では、波を打つようにしながら下落トレンドが継続しています。現実にもいかにもありそうな相場ですが、実はこれは、乱数を使ってランダムウォークを発生させた架空の相場です。

▶ 図2-6 ランダム相場①

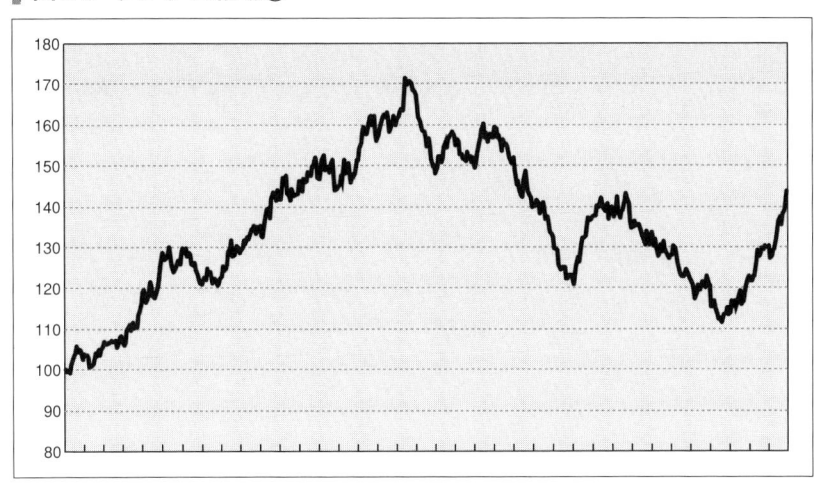

図2-7 ランダム相場②

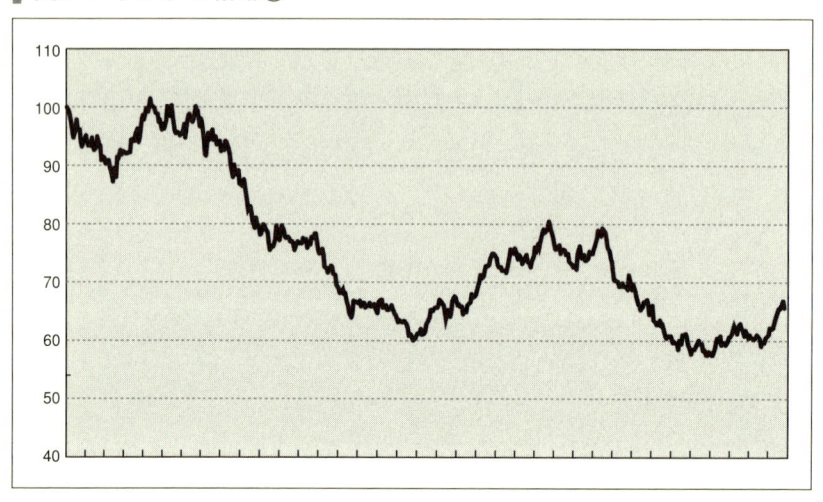

　この仮想相場については、テクニカル分析に関する説明のところで、さらにいろいろなパターンを示していきますが、どれもやはり現実に存在しそうなものばかりです。

　ランダムウォークというと、何のトレンドもパターンもない動きというイメージを抱きがちですが、実際にはそんなことはありません。ランダムウォークは、無数に重ね合わせると何のトレンドもパターンももたない正規分布として表現されますが、一つひとつのランダムな動きを取り出すと、それはあたかも意味ありげな動きを見せるものなのです。

　現実のマーケットでの相場と、ランダムウォーク理論に基づいた架空相場とでは、どちらが架空か見分けがつきません。これも状況証拠ではあるのですが、マーケットの価格変動のほとんどがランダムな動きで構成されていることを示唆していると考えられます。

マーケットは、人が感じる以上にランダムウォークに近い

　現実のマーケットには、非効率な部分が存在することを否定することはできません。先ほどのファットテール構造もそうです。

　ここから先の投資理論を展開していくためにもランダムウォーク以外のマーケット原理を見つけていかなくてはならないのですが、ここで示したような状況証拠は、「マーケットのすべてではないにしても、その大部分がランダムな動きによって構成されている」ということを非常に強く示唆しています。

　実際に米国などでは、マーケットに関する無数の実証研究が行なわれています。実証研究というのは、サンプルのとり方で推論も変わってくるものですが、総じていうと、そうした実証研究の多くは、やはり「マーケットの大部分はランダムである」ことを示唆しているように思われます。

　純粋なランダムウォーク論者や極端なマーケット否定論者以外の多くの投資家は、マーケットがランダムな部分とそうでない部分で構成されていることを経験的に知っています。

　しかし人間は、まったくランダムな動きに対しても何らかのパターンや法則性を見出そうとする心理的傾向をもっています。それは常にランダム性を過小評価することにつながります。マーケットにおいても、そのランダム性を多くの人が過小評価していると考えるのが自然です。

　つまり、ここまでのとりあえずの結論は、「**マーケットの大部分はランダム**」であり、しかも「**多くの人が考えるよりはるかにランダム性があり、はるかに予測が難しいものである**」ということになります。

　"多くの人はマーケットのランダム性を過小評価している"という考え方は、これからの議論を展開する上で、非常に重要な意味をもってき

ます。

マーケットがかなり効率的になる理由

　マーケットがかなり効率的、つまり大部分がランダムな動きになるには理由があります。それはマーケット本来の構造に由来するものといえます。

　ここでは、規模が一定以上に大きく、規制や税金などの取引の障害が小さく、制度としてしっかり運営されている先進国の主要マーケットを想定します。

　こうしたマーケットではふんだんに投資資金が流れ込み、数多くのプロフェッショナルな投資家が参入してきます。このとき、もしマーケットが非効率で、情報に対して瞬時に正しく反応しないとするとどうなるでしょうか。

　そうしたマーケットでは、情報機器をそろえてさまざまな情報を瞬時に入手できる体制を整え、さらに複雑な分析が可能なコンピュータシステムを構築しさえすれば、大きな利益を獲得することができます。

　たとえば、経済指標や企業業績が発表されても、それが株価や債券価格にどんな影響を与えるかを正確に理解できない投資家が大勢いるマーケットでは、大金を投じてでも高度で迅速な分析体制を整えることによって、高い確率で収益を上げられるのです。

　こうした投資家には顧客の資金が流れ込んできたり、あるいは他の投資家がそうした投資スタイルを真似したりして、次第に合理的投資家の勢力は拡大していきます。

　マーケットにおける価格形成が非効率で、したがって合理的投資によって高い確率で収益を見込める投資機会（これを裁定機会といいます）

がはっきりと存在する限りは、合理的投資家の勢力は拡大の一途をたどり、これはそうした裁定機会が明確に存在しなくなるまで続きます。

最終的には、多くの合理的投資家が同じように高度な分析体制を整えますから、収益を上げるためにはスピードが勝負どころとなり、各投資家は意思決定のスピードをどんどん上げていきます。そして、ついには新たな情報が瞬時に価格に織り込まれるようになっていきます。

こうしてマーケットは、ほとんどがランダムな動きによって構成される効率的なものになっていくのです。

しかし完全には効率的にならない

それでは、マーケットは完全に効率的になるでしょうか。

そうはなりません。

マーケットがかなり効率的になった段階では、合理的投資家の勢力は大きく拡大し、彼らは莫大な資金を運用するようになります。しかし、裁定機会が完全に消滅する以前に、裁定機会がかなり少なくなった時点で、そのわずかな機会をめぐって激しい奪い合いとなり、ほとんどの合理的投資家はコストがかかる分析体制を維持できるだけのリターンを確保できなくなってしまいます。

その結果、彼らのもとから投資資金は去っていき、よりコストの安いパッシブ運用に資金が流入していきます。パッシブ運用は機械的に投資するだけですから、何か新しい情報がもたらされても能動的に行動を起こすわけではありません。そうすると、情報が瞬時に正しく価格に反映されるということが起こりにくくなっていくのです。

つまりマーケットは、完全に効率的になる前に、再び非効率なマーケットへと戻ろうとし始めるわけです。

図2-8　市場効率性の循環構造

A．市場の効率化プロセス

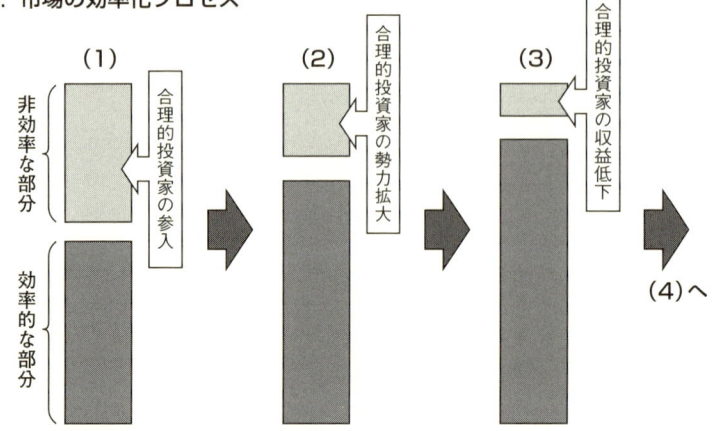

(1) 非効率な部分／効率的な部分　←合理的投資家の参入

(2) ←合理的投資家の勢力拡大

(3) ←合理的投資家の収益低下

(4)へ

(1) 市場に非効率(=ランダムでなく、予測可能)な部分があると、合理的投資家が参入してくる
(2) 高いリターンを上げる合理的投資家が勢力を拡大
(3) 非効率な部分が少なくなって市場が効率化されるため、勢力を拡大した合理的投資家の収益は低下

B．市場の非効率化プロセス

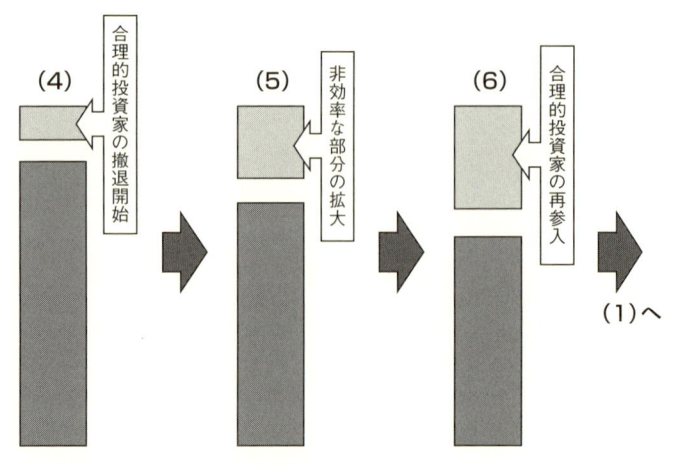

(4) ←合理的投資家の撤退開始

(5) ←非効率な部分の拡大

(6) ←合理的投資家の再参入

(1)へ

(4) 高度な分析体制を維持できなくなるため、合理的投資家が撤退を開始
(5) 合理的投資家の勢力が衰えると市場の非効率性が拡大
(6) 非効率性が拡大し、合理的投資の収益性が回復すると、合理的投資家は再び復活

そして再び非効率性が高まってくると、合理的投資家が息を吹き返し、また効率化への道を歩みます。
　結局、マーケットというものは、その大部分が効率化されているという状態の中で、その効率化されている割合が循環的に変化していく構造になっているのです（図2-8）。
　もっとも、マーケットが完全には効率的にならない理由としては、別の理由もあります。
　それは、投資家共通の心理的な歪みです。投資家の行動に非合理的な部分があり、しかもそれが一定の傾向やパターンをもっているとすれば、マーケットは完全に効率的にはなりません。この点に関しては、次章で詳しく見ていくことにします。

市場の効率性は成熟度で決まる

　マーケットの大部分はランダムであるという考え方は、マーケットが制度として低コストで安定的に運営され、巨大な非合理的投資家の行動で価格形成が歪められないということが前提となっています。
　たとえば、政府や中央銀行などの当局は、経済的合理性ではなく、政策的意図に基づいて行動するので、非合理的投資家といえます。こうした巨大な非合理的投資家が市場介入などによって価格形成に大きなインパクトを与えるとしたら、一般の投資家側も合理的な投資判断だけで行動すると大やけどを負ってしまうことになります。
　こうした現象が頻繁に起こったり、市場制度そのものが信頼性に欠けたり、規制や税金が大きな負担になったりすると、合理的投資家はそのマーケットへの参入に躊躇せざるを得ません。その結果、合理的投資家の勢力拡大は止まり、"効率的市場に向かう"というマーケット本来の

性質が失われてしまうことになります。

　マーケット規模の大きさと投資家の多様性も重要です。マーケット規模が小さかったり、一部の投資家の影響力が大きすぎたりすると、やはり特定の非合理的投資家の行動がマーケットに大きなインパクトをもたらしうることになり、やはり合理的投資家の勢力拡大は阻まれてしまいます。

　先進国の主要マーケットは概して効率的であり、非先進国、とくに政府の介入権限が強く、偏りが見られる小規模なマーケットでは効率性の度合いが低いということが、こうしたことから推測されます。

　日本はもちろん先進国であり、そのマーケットは世界的な比較でいえばかなり効率化されたものといえます。ただ、先進国、とくに米英のマーケットと比較すると、当局の市場介入が頻繁で、投資家の多様性にもやや欠けており、制度的な成熟度合いも低いため、若干効率性に劣っていると考えられます。

　実証的にも、米英のマーケットと比べると、価格変動の正規分布性が若干薄まりやすい傾向にあるようです。

ランダムウォーク理論の位置づけと重要度

　マーケットの大部分がランダムな動きによって構成されており、しかもそのランダム性は多くの人が感じているよりも強いということが、ランダムウォーク理論を非常に重要なものとしています。

　一方で、ランダムウォーク世界では、巨額の利益を上げるスーパー投資家はすべて偶然によって誕生するため、高名な投資家のタイプや知的レベルもさまざまに分散しているはずです。

　ところが現実には、ウォーレン・バフェット、ジョージ・ソロス、ピ

ーター・リンチ、ビル・グロースといった高名な投資家たちや、ロバート・ルービンのような超一流トレーダーは、偉大な知性を感じさせる人がほとんどなのです。

もちろん、成功した投資家の中で偉大な知性をもった人たちがたまたま脚光を浴びているだけだという可能性もありますが、ここはやはり、知性によって収益を獲得する機会、つまりマーケットの非効率性が存在すると考えたほうが自然です。

偉大な投資家たちは、パッシブファンドの伝道者であるJ. C. ボーグルを除けば、いずれも"マーケットには非効率が存在して、それを収益化することができる"という信念の持ち主で、そうした意味ではアンチ・ランダムウォーク派といっていいでしょう。

だからといって、投資で成功を収めるためにランダムウォーク理論が必要ないわけではありません。偉大な投資家たちはいずれも、ルービンの「確かなものは何もない」という言葉に表わされるように、マーケットを支配する"不確実性"に向き合い、そのうえでわずかに残された非効率性に目を向けた人たちなのです。

つまり、すべての投資理論は、強力なランダムウォーク理論を乗り越えねばならず、それができて初めて投資理論として意味をもつようになります。

また米国では、より現実的な問題として、ボーグルが設立したバンガードのパッシブファンドの躍進が、アクティブ投資家にとって厳しい試練を突きつけています。

"パッシブ運用はアクティブ運用よりも優れている"と主張する強力なライバルが出現した以上、その主張を乗り越えなければアクティブ運用そのものの意義が失われてしまうのです（図2-9、2-10）。

結果として多くの投資家はボーグルの挑戦に敗れ去りましたが、その壁を乗り越えようという努力の結果、さまざまに洗練された投資手法が

▶図2-9 投資理論におけるランダムウォーク理論の重要性

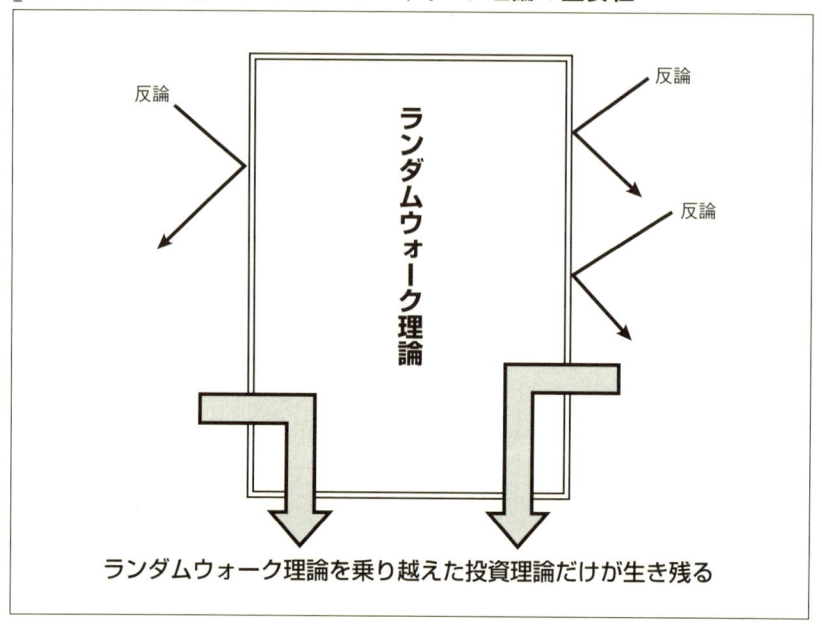

```
          反論                          反論
            ↘                          ↙
                                          反論
               ランダムウォーク理論          ↙

              ↓            ↓
  ランダムウォーク理論を乗り越えた投資理論だけが生き残る
```

生み出されるようになりました。米国には実に多種多様な投資手法が存在し、一部のヘッジファンドなど優れた投資成績を残す投資家をたえず生み出しています。

　パッシブ運用の躍進が、アクティブ運用に磨きをかけ、それが米国を投資最先進国へと押し上げる要因の一つとなったのではないかと私は考えています。そうした意味で、日本が本当の投資先進国になるためには、"日本版バンガード革命"が必要なのかもしれません。

図2-10　ランダムウォーク理論のまとめ

```
┌─────────────────────────────────────────────┐
│  ランダムウォーク理論がすべての投資理論の出発点  │
└─────────────────────────────────────────────┘
                      ⇩

**ランダムウォーク世界では……**
- ファンダメンタルズ分析もテクニカル分析もすべては無意味
- アクティブ運用はパッシブ運用に勝てない　←J. C. ボーグルの挑戦
- サルがスーパー投資家に

　　　⇨ 投資理論は必要ない（すべては運頼み）

**現実の相場はどの程度ランダムウォークなのか**
- 価格変動が正規分布に近い
- ランダム・シミュレーション相場と見分けがつかない

　　　⇨ マーケットの大部分はランダムウォーク

                      ⇩

**マーケットにわずかに残る"ランダムではない部分"に焦点を当てない限り、期待リターンを高めることはできない**
```

第2章　ランダムウォーク理論が示唆する投資の虚無的な世界

COLUMN2

高名な投資家たち

　本書のなかで高名な投資家として数人の名前を挙げました。彼ら以外にも高名な投資家は大勢いますが、ここでは本書で触れた投資家だけを簡単に紹介しましょう。

ウォーレン・バフェット　"オマハ（彼が住んでいる地名）の賢人"といわれる大投資家で、投資会社バークシャー・ハザウェイ社（もともと繊維会社）の総帥です。強固なブランドと製品力をもつ消費者関連株を中心に、割安な優良企業を発見して10年単位という長期投資をすることをモットーとしています。コカ・コーラ、ジレット、ディズニーなどがバフェット銘柄として知られています。バークシャー・ハザウェイ社は、実際には株式投資だけではなくて、保険業から得た豊富な資金を使って企業を買収し、経営者を送り込むというスタイルをとっており、コングロマリットとしての色彩を強くもっています。

ジョージ・ソロス　ハンガリー出身で、ヘッジファンドのクオンタム・ファンドの設立者です。グローバル・マクロといって、世界の主要な株式、債券、通貨などに機動的に投資していくスタイルをとっています。1992年には英国のポンドに大量の売りを浴びせて通貨切り下げに追い込んでおり、"イングランド銀行を打ち負かした男""ヘッジファンドの帝王"といわれるようになりました。慈善活動や政治活動でも知られています。

ピーター・リンチ　運用会社フィデリティのファンド・マネジャーで、徹底した企業分析に基づく長期投資により、同社のマゼランファンドを世界最大の株式ファンドに育て上げました。

ビル・グロース　パシフィック生命保険から独立した債券運用会社ピムコの創立者の一人です。彼が運用するトータルリターンファンドの名のとおり、さまざまな運用手法を駆使してトータルなリター

ンを狙うというスタイルで、債券運用を一変させた立役者です。

ロバート・ルービン クリントン政権における大統領補佐官、財務長官を歴任し、グリーンスパン連銀議長とともに、米国の長期好況の立役者となりました。政権入り以前は投資銀行ゴールドマン・サックスの共同会長で、さらにそれ以前はアービトラージ・トレーダーとして大きな成功を収めた人物です。

彼らはいずれも知的で、哲学的な趣をもっており、いわゆる"山師""相場師"（ソロスには若干そうした面もありますが）という雰囲気とはかなり異なります。

さらに、いずれも"不確実性"ということに対する深い洞察力を持つと同時に、確固たる信念と忍耐力を有していることでも共通しています。

彼らの存在はマーケットに非効率が存在する証であるとともに、投資で成功するためには、信念、知性、哲学的な洞察力、そして精神的な強靭さが必要な要素であることを強く示唆しています。

第2章 ランダムウォーク理論が示唆する投資の虚無的な世界

第3章

行動ファイナンス理論が示唆するマーケットの非効率の存在

- ◉**行動ファイナンスとは？** …………………………60
- ◉**トレンドの過小評価〜ギャンブラーの誤謬** …………62
- ◉**プロスペクト理論** ………………………………69
- ◉**リスク・プレミアムの登場** ……………………82
- ◉**自己関与の幻想** …………………………………100
- ◉**勝った気になってしまうメカニズム** ……………104
- ◉**投資におけるゲンかつぎの意味** …………………107

コラム3
プロスペクト理論…………………………………110

マーケットに非効率が存在するとしたら、①情報が瞬時にあまねく伝わらないか、②取引コスト（規制を含む）が非常に高いか、③人間が合理的には行動しないか、これらのいずれかが原因となります。このうち、取引コストが価格形成に大きな支障とはならない先進国の主要マーケットを前提に考えると、現実的な原因としては、残りの①と③が考えられます(注)。

　このうち、①の瞬時にあまねく伝わらない情報の存在については次章で見ていくこととし、ここではまず、マーケットの非効率の最大の発生原因と思われる人間心理について見ていきます。

　繰り返しになりますが、人間心理が単に非合理的であるというだけでランダムウォーク理論は崩れません。非合理的であると同時に、特定の偏り（バイアス）をもっており、しかもその偏りがかなり強いものであることが必要です。

　以下、マーケットに非効率性を発生させうる人間心理の強い偏りについて見ていきます。

> （注）取引コストは投資対象によってかなり差があります。先進国でも、投資対象によってはマーケットの流動性が低く、取引コストがかなりかかるものもあります。その場合、取引コストを上回る価格の歪みが発生しないとその歪みが是正されませんので、一定の非効率性が残ることになります。ただし、総論としてはこの部分は除いて議論を進めても構わないと思います。

行動ファイナンスとは？

　古典的な経済学では、現実の経済やマーケットを数学的に記述できるようにさまざまな仮定を置いています。人間が金銭的期待利益を最大化するように行動するという効率性仮説もその一つです。

「すべての人間が合理的に行動するはずがないじゃないか」ということは誰しも思うことですが、これは必ずしも効率性仮説への有効な反論にはなり得ないことは前章で見たとおりです。合理的でない行動をする人がいても、全体の平均が合理的なものに近づけばそれでいいのです。効率性仮説は、現実的には、「すべての人が合理的である」ことを前提にしているのではなく、「人間は平均すれば合理的」ということを前提にしているといえます。

　したがって、ここに問題が発生するのは、人間の行動が「平均しても合理的にならない」場合です。つまり、人間一般に共通する心理的な偏りが存在する場合には、効率性仮説は成り立ちません。

　人間心理の偏りを扱うのは心理学の領域です。心理学は、人間心理にはこういう特徴があるのではないかと仮説を立て、実証研究によってそれを確かめていく学問です。一方、古典的な経済学は、数学的に処理することができる経済モデルをつくることに主眼が置かれていたため、仮説・実証型の心理学をうまく取り込むことができませんでした。

　これに対して、心理学的アプローチによって経済学を再構築しようという試みが行動経済学です。そのなかでもとくにマーケットでの人間心理を扱うものを行動ファイナンスと呼んでいます。

　行動経済学もしくは行動ファイナンスは、比較的新しい学問領域です。また、実証的に理論をつくり上げていくというアプローチをとっているため、実証例ごとに結論が変わってくることもあります。民族的な違いとか、年齢、性別、職業などの区分ごとの特性に関する研究も十分ではありません。

　そうした点で、行動ファイナンスは未完成で、発展途上のものといえます。

　しかし、行動ファイナンスは、いままでの経済学やマーケット理論が見落としていた部分に光を当て、新しい息吹を吹き込みつつあります。

もはや、行動ファイナンスを抜きにした経済学やマーケット理論は意味をなさなくなりつつあるといってよいでしょう。

行動ファイナンスは多岐にわたっています。なかには相反する理論や重複する部分も含まれています。本書では、マーケットを理解するうえで重要だと思われるものに絞って見ていきたいと思います。

トレンドの過小評価〜ギャンブラーの誤謬

表が出る確率と裏が出る確率がそれぞれ50％ずつであるコインを投げたとします。

裏が続けて3回出る確率は $(1/2)^3 = 1/8$（12.5％）あります。続けて4回出る確率は $(1/2)^4 = 1/16$（6.25％）、5回続く確率は $(1/2)^5 = 1/32$（3.125％）です。決して起こりえない事象ではありません。

さて、このようなコイン投げの場合、たとえ何回続けて同じ目が出たとしても、次に投げたときに表が出る確率は50％のままで変化はありません。しかし、ほとんどの人は、何回も裏が続いた場合、無意識のうちに「さすがに次は表が出るだろう」と感じるようになります。

表が出る本当の確率は50％で変わらないのに、裏が続けて出ると、人間が無意識に感じる「表が出る」確率は、50％からじわじわと上がっていくのです。

こうした心理現象のことを"ギャンブラーの誤謬(ごびゅう)"といいます。このギャンブラーの誤謬が、相場にトレンドが発生する原因の一つになっていると考えられます。

ここでは、カオス理論とあわせて、トレンドが発生する典型的な仕組みを考えてみましょう。

●カオス理論によるトレンド発生の仕組み

　A社株の取引注文価格が図3-1-①のようになっているとします。1440円以下では10円ごとに1,000株ずつ買い注文が入っており、1450円以上では10円ごとに1,000株ずつの売り注文が入っています。この状態を「1440（買い値＝ビッド）／1450（売り値＝オファー）」というふうに表しておきましょう。

　ここで、新たに他の投資家が1450円で買い注文を出したとします。これでもともとあった1450円の売り注文が約定済みとなって消滅します。マーケットではごく普通に見られる取引の瞬間です（図3-1-②）。

　1440円以下で買い注文を出していた投資家のなかには、「その値段で取引できなければ買えなくてもいい」と考えている人もいるでしょうが、「価格が上がる前になんとか買いたいが、価格が下がってくることも考えられるので、とりあえず少し低めに買い注文を出しておこう」という人も多いでしょう。

　こうした投資家は、1450円の売り注文が消滅し、次の売り注文の価格が1460円に上がってしまったことを見て、焦りを感じます。そこで、もともと1430円の買い注文を出していた投資家が、「1470円以上に上がったら困る。1460円で買いに行こう」と行動を起こしたとします（図3-1-③）。

　もともと1440円で買い注文を出していた投資家にとっては、自分が最も高い買い値を提示していたのに、1450円と1460円の売り注文を別の投資家に持っていかれてしまったことになります。

　ここでこの投資家がさらに値段が上がってしまうことを恐れて1470円でA社株を買いに行くと、取引価格は1470円にまで上昇することになります（図3-1-④）。さらに、1420円以下の買い注文を出していた投資家が自分たちの注文価格を引き上げるようになると、相場は「1470／1480」になり、先ほどよりも30円高いところで釣り合うようになりま

図3-1 株式マーケットのカオス的振る舞い

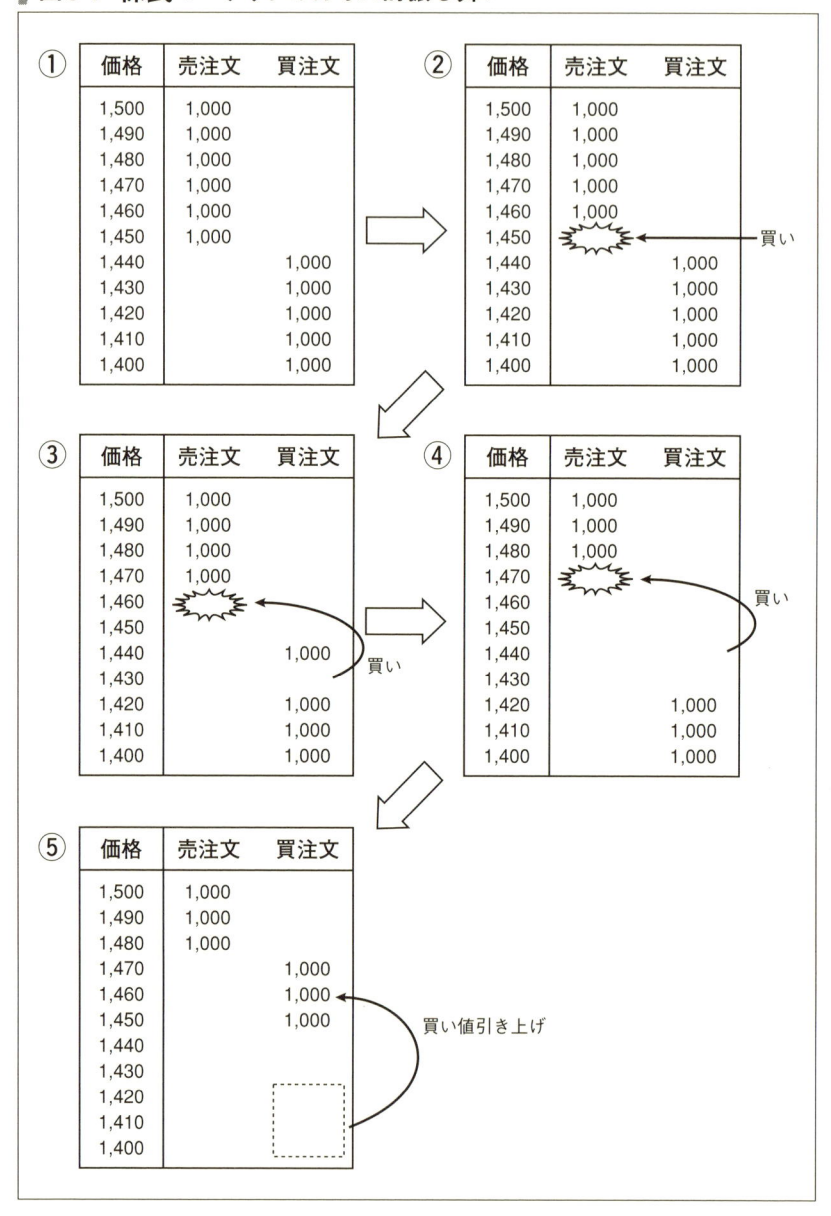

①
価格	売注文	買注文
1,500	1,000	
1,490	1,000	
1,480	1,000	
1,470	1,000	
1,460	1,000	
1,450	1,000	
1,440		1,000
1,430		1,000
1,420		1,000
1,410		1,000
1,400		1,000

②
価格	売注文	買注文
1,500	1,000	
1,490	1,000	
1,480	1,000	
1,470	1,000	
1,460	1,000	
1,450	※	← 買い
1,440		1,000
1,430		1,000
1,420		1,000
1,410		1,000
1,400		1,000

③
価格	売注文	買注文
1,500	1,000	
1,490	1,000	
1,480	1,000	
1,470	1,000	
1,460	※	← 買い
1,450		
1,440		1,000
1,430		
1,420		1,000
1,410		1,000
1,400		1,000

④
価格	売注文	買注文
1,500	1,000	
1,490	1,000	
1,480	1,000	
1,470	※	← 買い
1,460		
1,450		
1,440		
1,430		
1,420		1,000
1,410		1,000
1,400		1,000

⑤
価格	売注文	買注文
1,500	1,000	
1,490	1,000	
1,480	1,000	
1,470		1,000
1,460		1,000
1,450		1,000
1,440		
1,430		
1,420		
1,410		
1,400		

買い値引き上げ

す（図3-1-⑤）。

　つまり、1450円での買い注文という小さな出来事が、投資家の連鎖反応を引き起こし、相場を30円ほど押し上げる結果となったのです。ほんのわずかな提示価格の差やタイミングの差で取引を逃してしまうという焦りが、こうした価格変動を増幅する効果をもたらし、これがマーケットにカオス的性格を与えているのです。

● ギャンブラーの誤謬が裏目に出ると……

　さてここで、ギャンブラーの誤謬が登場します。

　こうした値動きをじっと見ていた別の投資家は、「とくに新しい情報はないのに価格が30円も上がった。次は下がる確率のほうが高いはずだ」と無意識のうちに感じ、A社株を売ります。こうした投資家や、低い価格で購入できた投資家の利食い売りなどが優勢になれば、価格は実際に下がっていくでしょう。

　しかし、先ほどの価格を釣り上げる連鎖反応がまだ強く続いている可能性もあります。「次は下がる」と思ってA社株を売った"ギャンブラーの誤謬"投資家は、価格の上昇が止まらない場合には恐怖を覚え、損失を拡大させないように損切りの買い注文を出さざるを得なくなるかもしれません。そのような損失拡大の恐怖にかられた買戻し注文は、さらに価格にインパクトを与え、それがまた別の連鎖反応を生むことになります。

　こうして市場価格は、多くの場合は上がったり下がったりを繰り返しますが、新しい情報がとくになかったとしても、時に意外なほどに一方向に大きく動いたりすることがあります。

　ギャンブラーの誤謬は、投資家にトレンドを過小評価させます。トレンドはすぐに反転するだろうと思わせるのです。もちろん、そうなることもありますが、そうはならないこともあります。とくにカオス的な価

格変動増幅の連鎖反応が強く発生している場合は、ギャンブラーの誤謬は裏目に出てしまう危険をもっています。

ギャンブラーの誤謬が裏目に出て、損切りを迫られるときにさらに大きな価格変動が起こり、こうしたことが繰り返されることによって、さらに大きな、そして長いトレンドが生まれていくのです。

● トレンドの過小評価から過大評価へ

トレンド継続の可能性を過小評価してしまう"ギャンブラーの誤謬"は、これが続いていくと、やがて正反対のものに変化してしまうことがあります。

人は最初、トレンドが続く確率を過小評価する傾向があるわけですが、そのトレンドが意外に長く続くと、逆にそのトレンドがさらに続くのではないかと感じ始めるようになります。

たとえば、コイン投げで裏、裏、裏、と続くと「次は表が出るだろう」と思いがち（ギャンブラーの誤謬）ですが、さらに裏が続くと、どこかの時点で、「このコインはきっと、裏の出る確率が高いに違いない。つまり、次も裏が出る確率は高いはずだ」と無意識に感覚を修正してしまうのです。

なぜこのように過小評価から過大評価へと一気に移行してしまうかというと、保守性と呼ばれる人間の心理的傾向が強く関与していると思われます。

保守性というのは、"人間は、新しい事態に直面しても、従来の認識を柔軟に変えることができない"という性質です。この性質があるため、過小評価していたトレンドがなお続いていたとしても、当初はかたくなに過小評価を続けることになります。

しかし、いずれかの時点で、遅まきながら認識を修正する必要に迫られた場合、それまでの過小評価の蓄積を取り戻そうとして大幅な認識修

正を行なうことになります。このときに、振り子が逆に振れるようにして今度は過信状態が生まれやすくなるのです。

　こうした無意識の修正がいつ起こるかは人によってさまざまですが、トレンドが継続すると当初の過小評価から今度は過大評価へと変化していくという傾向については広く観測されています。そして、その心理的変化が新たな投資行動を起こし、トレンドをさらに継続させるように働きます。

　なお、さらにトレンドが続いていくと、再びどこかの時点で、無意識に「もうそろそろ、トレンドは反転するだろう」と感じ始め、"ギャンブラーの誤謬"状態に戻ります。それでもトレンドの継続が止まらなければ、また無意識に「やはりトレンドはまだまだ続く」と過信状態に入る、という具合に、トレンドの過小評価→過大評価を循環的に繰り返していくと考えられます。

　ギャンブラーの誤謬や過信状態などの心理現象のことを、「代表性ヒューリスティック」ということがあります。あまりピンとこない言葉かもしれませんが、要するにわずかな事例を見て、確率を無意識に修正してしまう、つまり"思い込んでしまう"ことを意味します。"早合点"といってもいいかもしれません。

　こうしたトレンドの過小評価と過大評価の循環がどのようなタイミングでどのように起こっているかは、正確に測定することが難しいのですが、こうした循環の波が折り重なるようにして、波打つような相場の大きなトレンドを発生させていると考えることができます（**図3-2**）。

　ただ、こうしたメカニズムだけで大きくて長いトレンドが発生すると考えることは十分に可能なのですが、一般的には、そうしたトレンドの背景には「瞬時にあまねく伝わらない情報」の存在があり、それがこうしたトレンド発生メカニズムを起動させていると考えたほうが自然なケースが多いと思います。その点に関しては次章で見ていきます。

▶図3-2 トレンド継続のメカニズム

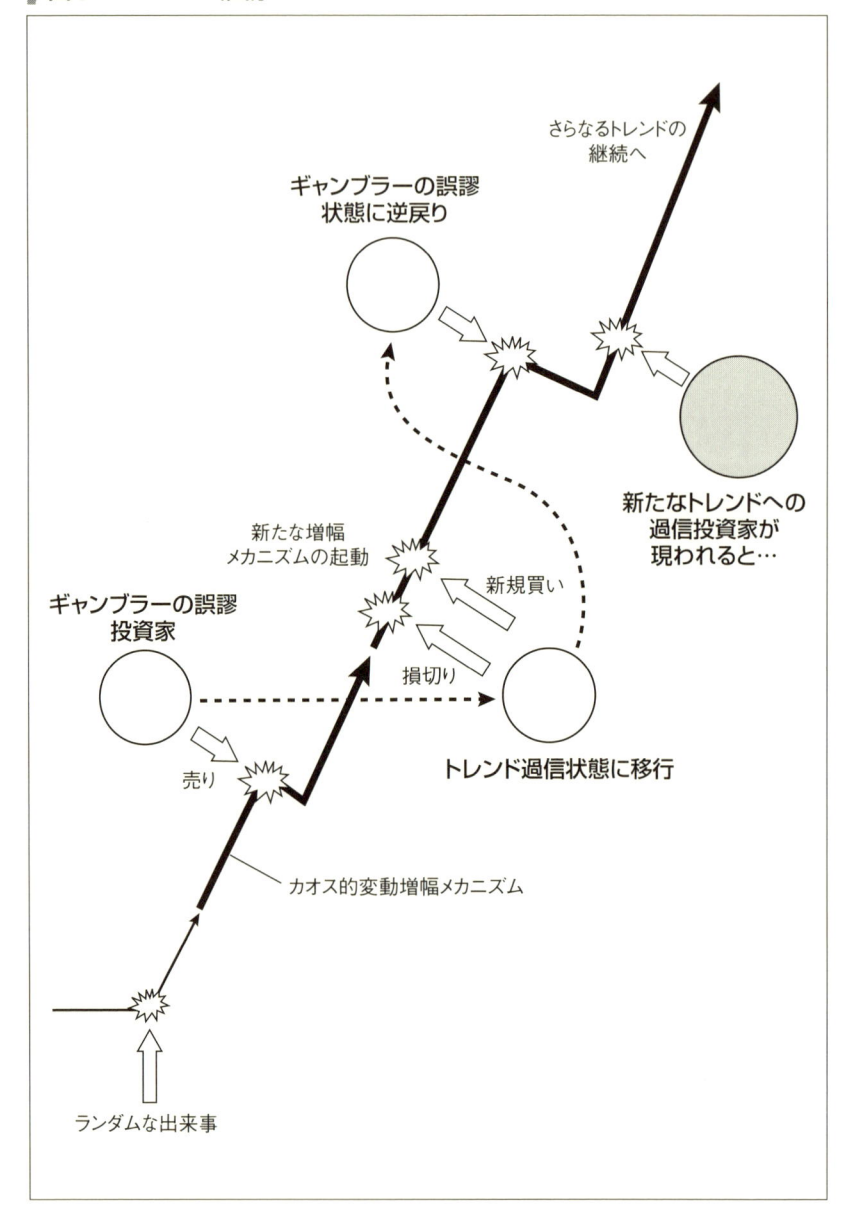

さらなるトレンドの継続へ

ギャンブラーの誤謬
状態に逆戻り

新たなトレンドへの
過信投資家が
現われると…

新たな増幅
メカニズムの起動

新規買い

ギャンブラーの誤謬
投資家

損切り

トレンド過信状態に移行

売り

カオス的変動増幅メカニズム

ランダムな出来事

プロスペクト理論

　行動ファイナンス理論の中心的な概念に、カーネマンの損失回避理論、すなわちプロスペクト理論と呼ばれるものがあります(注)。

　カーネマン教授がこの理論でノーベル経済学賞を受賞したからというわけではありませんが、この理論は投資を考える際に避けて通ることのできない概念をいくつも提供してくれます。

　少し詳しく見ていくことにしましょう。

> （注）2002年にノーベル経済学賞を受賞したことにより、ダニエル・カーネマン教授の名前が知れ渡りましたが、もともとプロスペクト理論は、カーネマン教授とエイモス・ツバースキー教授の共同研究として行なわれたものです。残念ながら、ツバースキー教授は1996年に亡くなっていたため、受賞の対象とはなりませんでした。プロスペクト理論の全体像については、110ページのコラム3を参照してください。

●経済学は宝くじさえ説明できない

　まず、効率的市場仮説における第3の条件、つまり「人間は合理的に行動する」という点を考えてみましょう。

　経済学を学んだ人ならご存じかと思いますが、この「合理的」という言葉はやや特殊で、しかつめらしくいうと「金銭的な期待利益を最大化するように行動する」という意味になります。

　さらにいえば、これは暗黙のうちに、「貨幣の限界効用が常に一定である」ことが前提とされていることになります。簡単にいえば、1円の価値、すなわち1円のお金から得られる満足（＝効用）は、いつでもどこでも同じであるということです。

　この仮定が妥当なものか、わかりやすい例をあげてみましょう。

人はなぜ宝くじを買うのでしょうか。

　宝くじの配当率は50％くらいにしかなりません。つまり、期待リターンはだいたい−50％なのです。宝くじを買うことは「金銭的な期待利益を最大化する」こととは程遠い行動といえます。

　経済学者に言わせれば、「宝くじ購入は合理性を欠いた経済行動である」ということになるのでしょうが、現実に多くの人が購入している宝くじを「本来は存在しないもの」と切り捨てるだけでは、現実には何の役にも立ちません。

　確かに、宝くじの配当率が約50％というのはあまりにも低い気がしないでもありませんが、それでも多くの宝くじファンがいるという事実は、「合理的行動」の前提になっている「貨幣限界効用一定」の仮定が現実的ではないことを意味しています。つまり、1円の価値は、時と場合により異なるということです。

　これは、普通に考えてみれば当たり前のことです。

　サラリーマンが一生働いて稼ぐ所得は2億〜3億円程度です。一方の宝くじ（ジャンボ）も、1等が2億円、前後賞と合わせて3億円となります。

　しかし、サラリーマンの所得は何十年と働いて徐々に手にできるものであり、途中で生活費や子供の養育費、住宅や自動車の購入などで費やされるため、まとまって自由に使えるお金はほんの一部です。一方、宝くじが当たれば、2億〜3億円のお金がいっぺんに入ってきて、まさに自由に使うことができます。

　豪邸を建てたり、高級車を買ったり、世界旅行をしたり、普通の生活の延長にはない別の生活を楽しむことができるのです。

　「宝くじは夢を買うものである」と言う人もいますが、まさにこの「夢」こそが、宝くじにおける1円の価値（満足度）が、通常の生活における1円とは違う意味をもっていることを示しています。

●ペテルスブルグのゲーム

　もう一つ「ペテルスブルグのパラドックス」として知られる例をあげましょう。

　次のようなゲームを考えます。コインを投げ、1回目に表が出たら1円をもらいゲームは終了します。1回目が裏ならばゲームは続行し、2回目に表が出たら、$2^1 = 2$円をもらってゲーム終了です。2回目も裏で3回目が表ならば$2^2 = 4$円という具合に、表が出るまでコインを投げ、2の（コインを投げた回数−1）乗円をもらうことができます。もし9回続けて裏で、10回目にようやく表が出た場合には、$2^9 = 512$円をもらえることになります。

　このゲームの代金が100万円だとしたら、皆さんはこれをするでしょうか。

　経済学でいうところの「合理的人間」ならば、このゲームの代金がいくらであってもやることになります。なぜならば、このゲームで得られる期待収益は、計算してみればわかりますが、無限大なのです（**図3-3**）。

　しかし、現実の人間にはこのゲームに有り金をつぎ込んでもいいということにはならないでしょう。100円や1,000円、人によっては1万円くらいでもやってみたいと思う人がいるかもしれませんが、ゲーム代金が100万円になれば大きな損失を出す可能性が非常に高く（1回目に表が出てしまったら、99万9999円の損になってしまいます）、一方で巨額の利益を得る可能性が、たとえゼロではないにしても、現実的には感知し得ないほどに小さいのです[注]。

　こうした特殊なケースを持ち出さなくても、金銭的には「合理的ではない」ものの、きわめて"自然"な行動はいくらでも存在します。掛け捨ての旅行保険なども、確率計算をすればとても割りに合わないものでしょうが、これも現実的にはきわめて自然な行為といえます。

　これらは利益と損失の対応関係（ペイオフといいます）が極端にアン

▶図3-3 ペテルスブルグのゲーム

```
コインを投げて…
--------------------------------------------------------------------
1回目   表が出れば → 1円もらえる    1回目で表が出て、賞金    期待値は
       裏が出れば → ゲーム続行      をもらえる確率＝50%      1×50%＝0.5円
                                 その時の賞金＝1円
--------------------------------------------------------------------
（1回目が裏の場合）
2回目   表が出れば → 2円もらえる    2回目で表が出て、賞金    期待値は
       裏が出れば → ゲーム続行      をもらえる確率＝25%      2×25%＝0.5円
                                 その時の賞金＝2円
--------------------------------------------------------------------
（2回目が裏の場合）
3回目   表が出れば → 4円もらえる    3回目で表が出て、賞金    期待値は
       裏が出れば → ゲーム続行      をもらえる確率＝12.5%    4×12.5%＝0.5円
                                 その時の賞金＝4円
--------------------------------------------------------------------
（3回目が裏の場合）
4回目   表が出れば → 8円もらえる    4回目で表が出て、賞金    期待値は
       裏が出れば → ゲーム続行      をもらえる確率＝6.25%    8×6.25%＝0.5円
                                 その時の賞金＝8円
--------------------------------------------------------------------
                    ：                                    ⇩
                                                    期待値の総合計は
このゲームの代金がいくらならばやってもいいか…?              無限大
```

バランスになっているという特徴をもっていて、こうしたアンバランスなものに対する人間の行動規準は、金銭的期待利益の最大化という前提ではとらえられないのです。

　　　（注）ペテルスブルグのゲーム代金がなぜ無限大にならないのかという点について、経済学者の側からもそれらしい説明がないことはありません。しかし、この現象は次に述べる効用曲線の歪みという概念によって簡単に説明できるため、ここではあえて触れないことにします。

● 損失回避人間の登場

　経済学で仮定される合理的人間という考え方が現実の人間の自然な行動を説明できないことを踏まえ、かつ、さまざまな実証研究を経て、ダニエル・カーネマン教授は、「**人間は同額の利益から得る満足よりも、損失から受ける苦痛のほうが大きい**」という原則を発見しました。そして、その結果、**人間は損失を回避することを優先する**という「損失回避理論」を打ち立てたのです。

　この理論によれば、いったん利益が発生すれば人は小心になってすぐに利益を確定しようとし、損失が発生すれば大胆になってリスクをとろうとするということが導かれます。

　わかりやすくグラフで見てみましょう。横軸に金銭的利益と損失、縦軸に心理的満足と苦痛をとると、経済学で仮定されている「合理的人間」の場合、横軸と縦軸の関係は単純な一本の直線で表わされます（図3-4-1）。これは、たとえば、100万円の利益から得られる満足は50万円の利益から得られる満足のちょうど倍であり、また、同額の損失から受ける苦痛と同じ大きさになるということを意味しています。

　さらにこの線の接線の傾きをとると、追加的な利益（損失）から得られる満足（苦痛）の増加分を表わすことになります。これが限界効用ですが、もとの線が直線なのでこの限界効用は常に一定です（図3-4-2）。この限界効用は、1円あたりの価値を示しています。ですから、限界効用が一定ということは、どういう状況でも、たとえば100万円の利益を得た後でも100万円の損失を被った後でも、1円あたりの価値は変わらないということを意味しています。

　この場合、金銭的利益が最大になったときに心理的な満足も最大になります。つまり、「金銭的期待利益を最大化する」ということが行動の基準となります。こうした合理的人間はペテルスブルグのゲームを好み、宝くじを買わず、掛け捨て保険にも入りません。

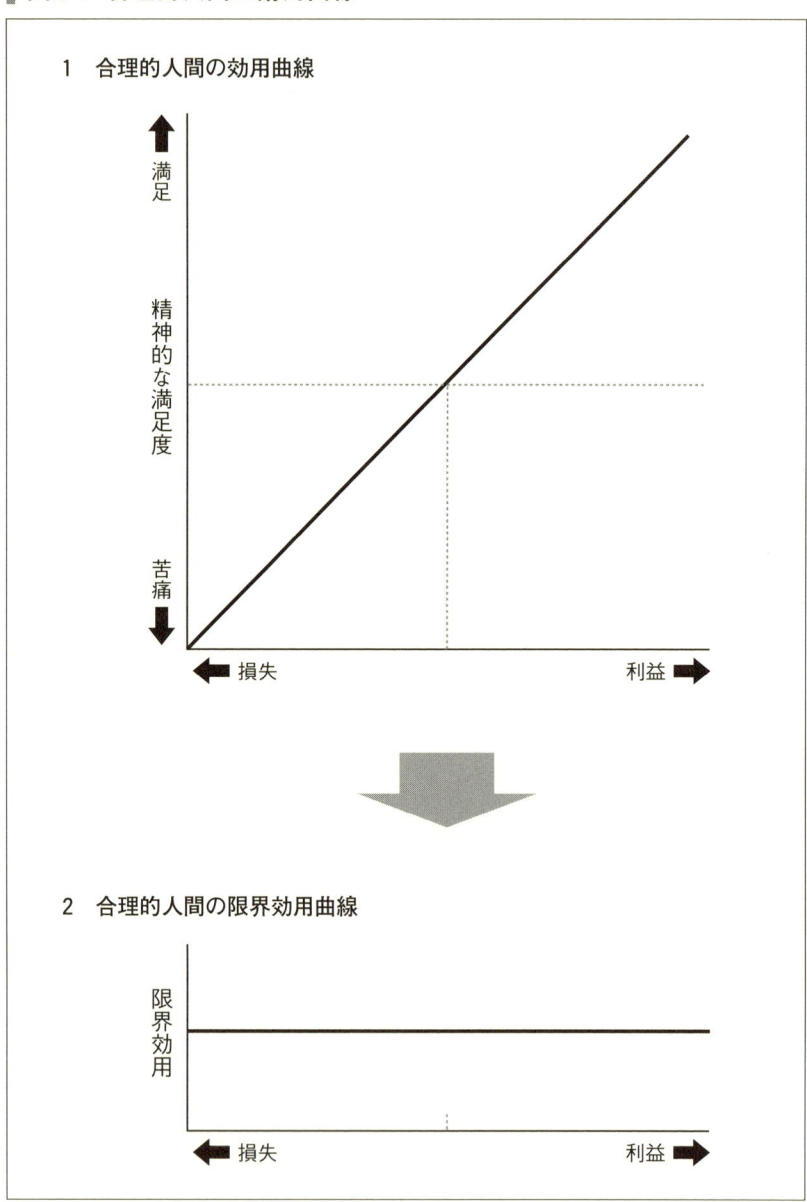

▶ **図3-4　合理的人間の効用曲線**

1　合理的人間の効用曲線

満足 ↑
精神的な満足度
苦痛 ↓

← 損失　　　利益 →

2　合理的人間の限界効用曲線

限界効用

← 損失　　　利益 →

図3-5 自然人間（損失回避人間）の効用曲線

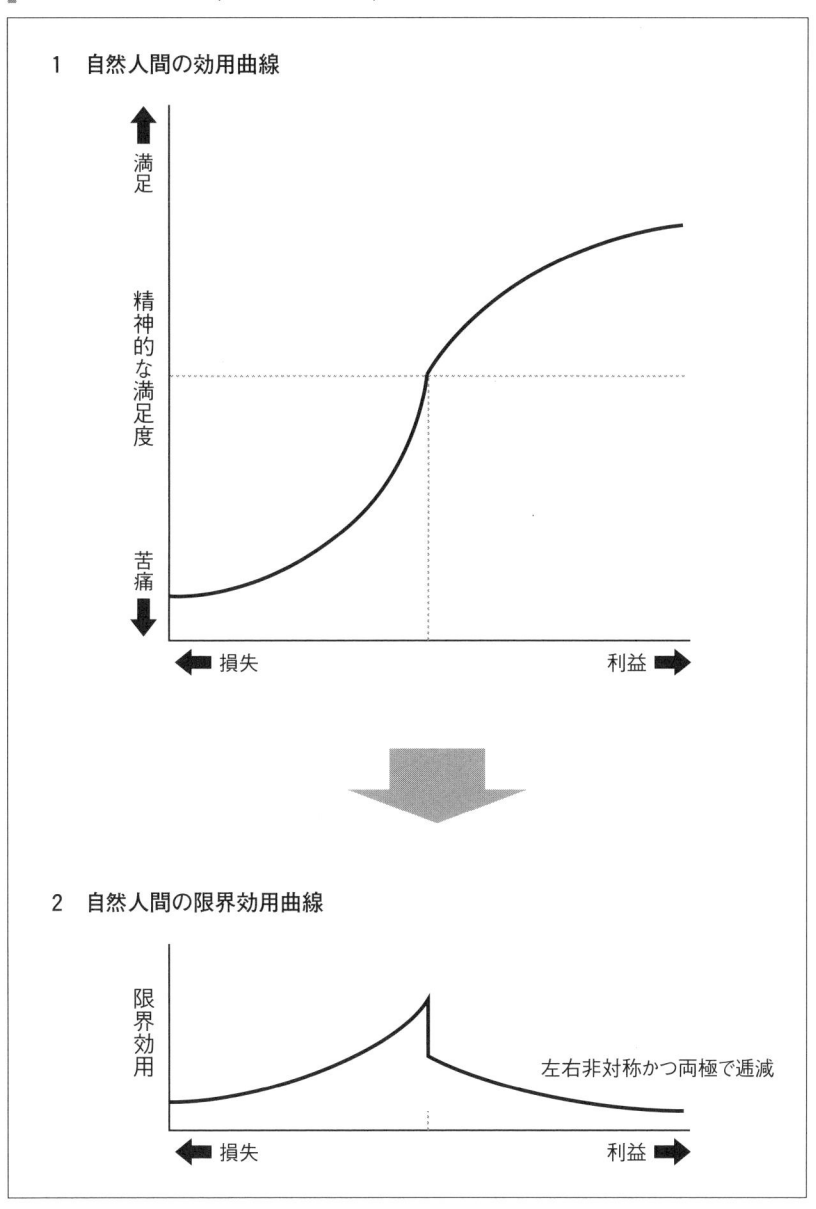

1　自然人間の効用曲線

↑満足
精神的な満足度
苦痛↓

← 損失　　　利益 →

2　自然人間の限界効用曲線

限界効用

左右非対称かつ両極で逓減

← 損失　　　利益 →

一方、カーネマンの「損失回避人間」のグラフは図3-5のような形になります。この「損失回避人間」は、「合理的人間」とは違って現実の人間をサンプルとして考えられたモデルなのですが、この人間モデルがどのような行動をするか、見てみましょう。

● 損失回避人間の行動パターン

　効用曲線のグラフ（図3-5-1）を見ると、まず損益ゼロのところから出発し、利益のほうに向かう線の傾きよりも損失に向かう線の傾きが大きくなっています。これは、同額の利益から得られる満足よりも損失からの苦痛のほうが大きいことを示しています。

　その結果、人は損失が出ることを恐れてリスクをとりたがりません。もちろん、なかにはリスクを好む人もいますが、リスクを嫌う人のほうが平均的な存在だといえます。

　さて、利益の額が大きくなっていくにつれて、満足度を表わす線の角度が緩やかになっていきます。これは、追加的な利益から得られる満足（＝限界効用）が逓減していることを示します。

　このように、満足度を表わす線が上に膨らんだ曲線になっていると、追加で利益を得たときの満足度の増加よりも、利益を失うことによる満足度の喪失のほうが大きくなるため、できるだけ早く利益を確定しようとするのです。これが「人間は利益が出ると小心になってすぐに利益を確保しようとする」ということです。

　一方、損失が出た場合はどうでしょうか。損失が発生すると、そこから大きな苦痛を受けるわけですが、いったん損失が発生すると、それ以上の損失から受ける追加的な苦痛の度合いが次第に緩やかになっていきます。これが下に膨らんだ線で表わされています。

　この場合、追加で損失が発生したときの苦痛の増加よりも、損失が減ることによる苦痛の解消のほうが効果が大きくなるため、損失を解消し

ようという気持ちが高まってきます。つまり、損失が出た場合は損失を確定させるよりも、そのままポジションを保有し続けようとするのです。さらには、早く損失を解消するためにポジションを追加しようとすることも考えられます（いわゆるナンピン買い）。こうして「損失が発生したときは大胆になって、リスクをとるようになる」わけです。

こうした効用曲線の接線の傾きをとると、**図3-5-2**のような限界効用曲線が得られます。限界効用が常に一定である「合理的人間」とは違って、「損失回避人間」の限界効用曲線は、左右が非対称で、利益が増えても損失が増えても次第に減少していくという性質を持っています。

●永遠に負け組投資家で終わるとき

この「損失回避人間」のほうが、「合理的人間」よりも現実の投資家心理を的確に表わしていることは明らかです。そして、こうした傾向は、程度の差こそあれ、誰もがもっているものなのです。

したがって投資家は、利益が出ればすぐに利食いをしたがり、損失が出れば塩漬けにするかナンピン買いをしたがるということになります。

その結果は明白です。投資家は、少しずつしか勝つことができず、しかし、負けるときは大負けする可能性があるということです。

これは、すべての投資家が肝に銘じなくてはならない大命題なのですが、これには続きがあります。

少しずつ勝って大きく負けるとはいっても、相場の上下が五分五分の確率ならば、やはり期待リターンはどのような心理的傾向があったとしても変わりません。

ただし、大きな損失が出たときには、この損失回避人間は大きな心理的ダメージを受けます。そして、一度投資で大きなダメージを受けると、限界効用曲線の左右非対称がさらにきつくなり、リスクを恐れる気持ちが強くなって、再度投資に挑戦しようという意欲がそがれていくことに

▶図3-6 自然人間(損失回避人間)の投資行動パターン

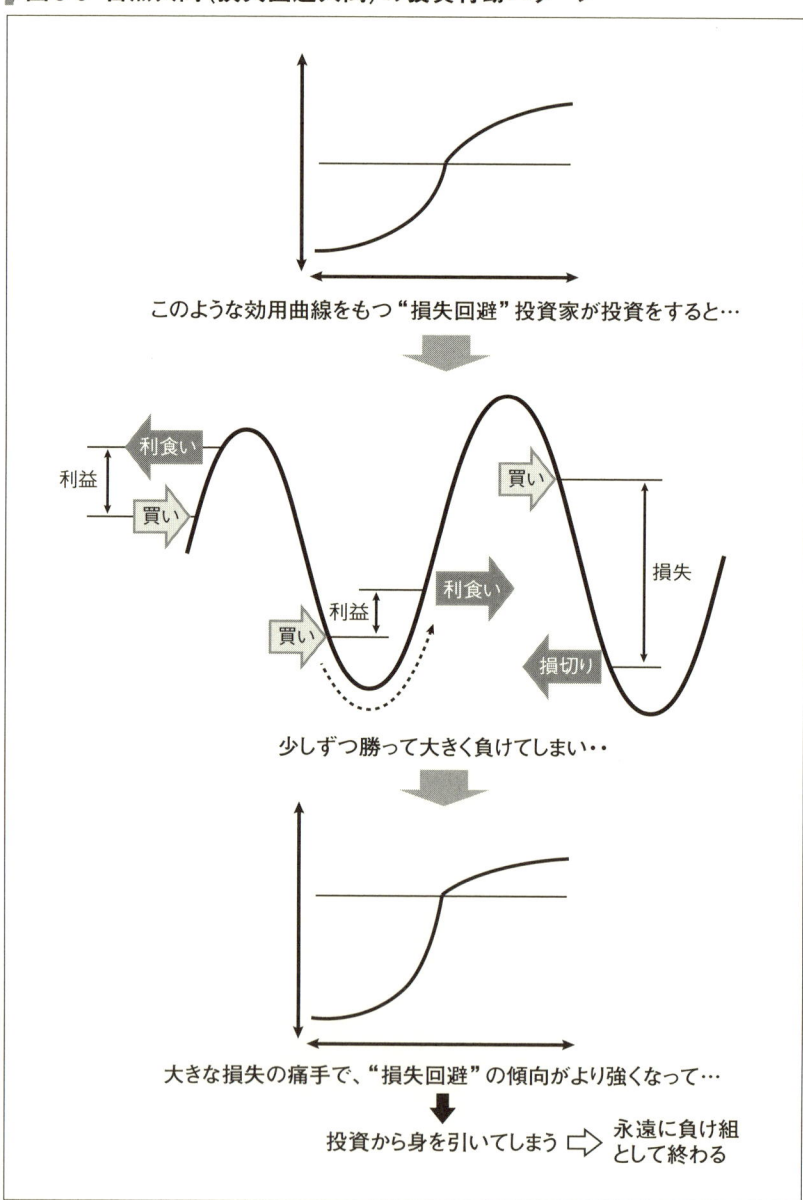

このような効用曲線をもつ"損失回避"投資家が投資をすると…

利食い
利益
買い

買い
利益
利食い
損失
損切り

少しずつ勝って大きく負けてしまい‥

大きな損失の痛手で、"損失回避"の傾向がより強くなって…

投資から身を引いてしまう ⇨ 永遠に負け組として終わる

なります。

　仮に投資の勝ち負けは常に五分五分だったとしても、勝っているときはやめられず、大きく負けたときにダメージを受けて負けたまま投資から身を引いてしまう、という可能性が高いのです。

　投資には勝つことも負けることもあります。損が出たポジションをいつまでも塩漬けにしていれば、大きく負け越すことも十分にありえます。そうしたときに投資から身を引いてしまえば、その投資家は永遠に負け組投資家のままで終わります（図3-6）。

●現実的な歪んだ効用曲線

　宝くじやペテルスブルグのゲームのことをもう一度考えてみましょう。

　多くの人にとって、宝くじの１等賞金は、普通の生活の延長線ではない生活を実現できるという意味で、特別なものであると述べました。これは、普通に手にできるお金と、宝くじでしか手に入らないお金とではまったく違う価値をもつことを意味しています。

　普通のお金と、普通では手に入らないお金の境界線がどこにあるかは人によって異なると思われますが、その境界線においては、金銭的利益から得られる効用が大きくジャンプ、もしくは限界効用が大きく膨らんでいると考えることができます（図3-7）。

　さらにいえば、高級車を買えるお金、豪邸を買えるお金、というように、お金にはいくつかの段階があって、その段階ごとに限界効用曲線は大きく膨らんでいると考えるのが自然でしょう。こう考えれば、宝くじは非合理的な行動であるなどと決め付ける必要がなくなります。

　（限界）効用曲線には、さらにさまざまな性質を加えることができます。

　たとえば、多くの人にとっては、宝くじの一等賞金以上の巨額な利益に関しては、あまり現実的なイメージが湧きにくく、したがって限界効用は大きく低下していく（効用曲線が平らになっていく）ことが想像で

▶ **図3-7 効用曲線のジャンプ**

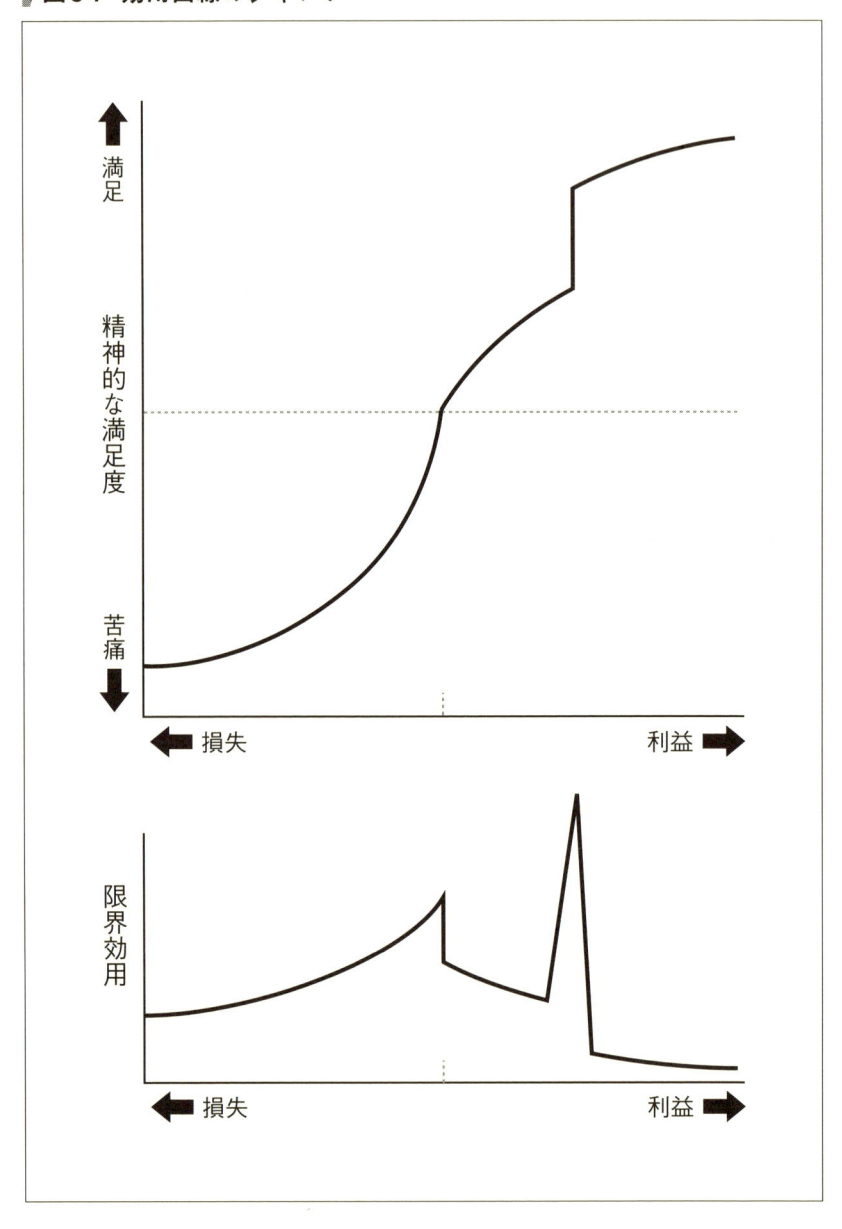

きます。

　こう考えるとペテルスブルグのゲームに大金を賭けることが馬鹿らしいということも説明できます。このゲームでは、28回裏が出続けて29回目に表が出ると約2億6800万円と宝くじ並みの賞金を得られますが、そこに至るまでの期待利益（賞金額×確率）の合計はわずかに14.5円でしかないのです。

　天文学的な利益を得る可能性が、ごくわずかずつ存在するために算術的期待利益は無限大になるのですが、そうした天文学的利益の限界効用がほぼゼロであるとして切り捨ててしまえば、ゲームの代金として妥当な金額はかなり小さくなります。

　もちろん利益側だけでなく、損失側の効用曲線（苦痛度曲線）もいろいろなでこぼこがあると考えられます。

　どうしてもこれ以上の損失を出したくないという損失額があるでしょうし、そこでは効用曲線は大きく下に垂れ下がります（限界効用は大きく膨らむ）。さらに損失が大きくなればもはや追加の苦痛を感じず、自暴自棄になってしまう（限界的な苦痛がゼロに近づいて、効用曲線が平らになっていく）ことも考えられます。

　もっとも、注意しなければならないのは、こうした効用曲線や限界効用曲線が実際に我々人間の心の中に存在しているわけではないということです。本当はそんなものは存在していません。ただ、こうしたものを仮定すると現実が説明しやすくなるだけであり、つまりは説明のためのツールにしか過ぎないのです。

リスク・プレミアムの登場

　プロスペクト理論から導かれるもう一つの重要な原理があります。これは、投資理論における大きな核といっていいほど大切な概念です。
　また宝くじに話を戻しましょう。
　貨幣の限界効用曲線にコブがあると考えれば、すでに説明したように、宝くじが存在する理由は説明できます。しかし、そうすると今度は、効率的市場仮説においては存在することのなかった新しい概念が生まれます。
　宝くじを買う人の立場ではなく、これを発行する国の立場で見てみましょう。国は、宝くじを発行することによって、確実に売上の約50％を収益として獲得できます。これはどうしてでしょうか。
　宝くじ1枚1枚の価格が、プロスペクト理論から導かれる自然な限界効用曲線からみて妥当なものであったとしても、それは金銭的な期待値でいえば"チャラ"にはならないことを意味しています。つまり宝くじ購入者は、価値の高いお金を手にする機会を得るために、割増料金を払っていることになります。これは裏を返せば、発行者である国にとって、プラスの期待リターンをもたらしてくれるものなのです。
　この割増料金が「リスク・プレミアム[注1]」です。
　しかし、発行者もまた購入者と同じ限界効用曲線をもっているとすれば、1人の宝くじ購入者との関係だけを取り出すと、これは必ずしも割に合う行為とは限りません。発行者が購入者から宝くじ1枚につき受け取る代金は300円です。そして、その中に当たりがあれば、2億〜3億円という巨額の賞金を支払わなければなりません。購入者の利益は発行者の損失です。もし、宝くじの発行数が10枚程度ならば、いくら期待リターンがプラスであってもだれも宝くじの発行などやらないでしょう。

しかし、国が宝くじを発行する相手はこの購入者だけでなく、非常に多数の人です。その結果、1人の購入者に多額の賞金を払うというリスクは薄れ、ほぼ確率通りの収益を受け取ることができるようになります。

つまり、国が宝くじの発行を一手に引き受けて非常に多くの数を販売することにより、国は確実に利益を得ることができるようになるのです。

宝くじは、発行する側から見れば、合理的世界では存在しないことになっているプラスの期待リターンをもたらすものであり、さらにそれを多数に販売することによって、そのリターンを確実なものとすることが可能です。これは、**合理的世界には存在しないとされる裁定（アービトラージ）機会**(注2)にほかなりません。

(注1) リスク・プレミアムは、リスクへの対価という広い意味で使われることがあります。本書では、リスクへの対価のうち、リスクの期待値を超える「割増料金」部分を指す狭義の言葉として使っています。
(注2) 裁定機会は、厳密にはリスクなしでリターンが得られる機会のことをいいます。合理的世界では、たとえそのような機会が存在したとしても、投資家が殺到して瞬時に消滅してしまうとされています。

●社債の利回りに含まれるリスク・プレミアム

マーケットにおける典型的な例を見てみましょう。社債投資です。

A社が発行する1年満期の社債を考えます。この社債は、満期時にA社が倒産するなどしてデフォルト（債務不履行）に陥ると、額面通りでは返済されないことになります。A社債の利回りは、そのリスクを織り込み、デフォルトリスクがないと考えられる国債利回りよりも高くなります。この利回りの上乗せ部分をクレジット・スプレッドといいます。

ここで、A社が1年後までにデフォルトに陥る確率を1％、デフォルトした場合に返ってくる返済額の割合を30％としましょう。話を簡単にするために、デフォルトが起こるのは1年後のみで、満期1年の国債

利回りは0％としておきます。1年後にこの債券から受け取れる金額を場合分けしてみると、次のようになります。

＜1年後に受け取れる金額＞
　デフォルトしていない場合（確率99％）：
　　額面100円＋クレジット・スプレッド
　デフォルトしている場合（確率1％）：
　　（額面100円＋クレジット・スプレッド）×30％

　さて、1年間の国債は利回りゼロですから100円で買ったものは1年後に100円で返ってきます。効率的なマーケットが成り立っているとすると、A社債の期待受取額は国債に等しい100円になるはずです。
　この関係が成り立つクレジット・スプレッドは、計算してみると0.705％になります。これが、A社のデフォルトリスクを補償するクレジット・スプレッドの均衡レベルです。
　肝心な点はここからです。
　投資家心理に損失回避の傾向が備わっているとすると、このリスクに見合ったスプレッドでは、投資家は「割に合わない」と感じるのです。
　効用曲線では、損失額が増えるにしたがって増加する苦痛の度合いが減っていく傾向があることになっていましたので、「割に合わない」と感じるかどうかは、厳密にはこの苦痛の漸減のスピードによって決まります。そして現実的には、この漸減のスピードは、先ほどのクレジット・スプレッドを「割に合う」と感じるほどには速くないと推測されます。
　この推測は、「フレーミング（枠づけ）効果」という概念を使うとさらに補強できます。
　フレーミング効果とは、実質的な効果が同じであっても、それをどう

図3-8 リスク・プレミアムはなぜ発生するか

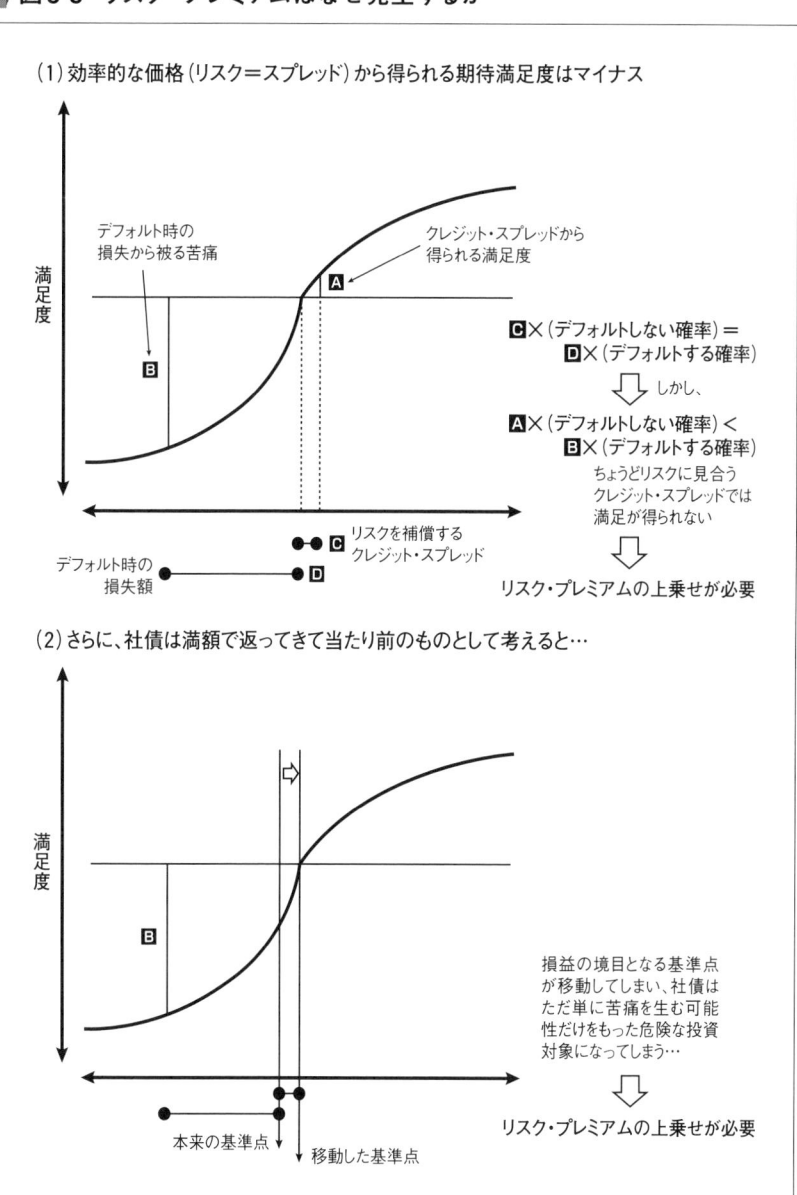

(1) 効率的な価格（リスク＝スプレッド）から得られる期待満足度はマイナス

縦軸：満足度

- デフォルト時の損失から被る苦痛 → B
- クレジット・スプレッドから得られる満足度 → A
- リスクを補償するクレジット・スプレッド → C
- デフォルト時の損失額 → D

C×（デフォルトしない確率）＝ D×（デフォルトする確率）

⇩ しかし、

A×（デフォルトしない確率）＜ B×（デフォルトする確率）

ちょうどリスクに見合うクレジット・スプレッドでは満足が得られない

⇩

リスク・プレミアムの上乗せが必要

(2) さらに、社債は満額で返ってきて当たり前のものとして考えると…

縦軸：満足度

- B
- 本来の基準点
- 移動した基準点

損益の境目となる基準点が移動してしまい、社債はただ単に苦痛を生む可能性だけをもった危険な投資対象になってしまう…

⇩

リスク・プレミアムの上乗せが必要

いう枠組みの中でとらえるかによって判断が異なってくる効果をいいます。これも心理学の用語です。

　社債投資の場合、投資家は「デフォルトしなければ××％の利回りを得られる」という心理的枠組みで投資効果をとらえます。この場合、"デフォルトしない"ということが標準的な事態として認識され、デフォルトは単純なリスクというよりも「起こってはならない異常事態」と感じ、それによって発生する損失に関しては通常の損失以上の苦痛を感じるようになります。

　つまり、（限界）効用曲線の利益と損失での左右非対称は、この効果によって増幅され、損失による苦痛はより大きくなります。損失の拡大によって苦痛の増加度合いが漸減していったとしても、「損失回避」の傾向を打ち消すことにはなりにくいのです。

　その結果、多くの投資家が、先ほどの0.705％のクレジット・スプレッドでは割に合わないと感じ、もっと大きな上乗せ利回りを求めます。

　こうした傾向を受けて、A社債のマーケットでのクレジット・スプレッドが1％に決まったとしましょう。リスクを補償する0.705％との差である0.295％は、リスクを上回るリターン、すなわちプラスの期待リターンとなります。これがリスク・プレミアムです（**図3-8**）。

　実際に、米国の社債市場のリターンは、長期的に見ると国債のリターンを上回っており、このリスク・プレミアムが現実に存在していることを強く裏づけています。

● **株式プレミアムの謎**

　このリスク・プレミアムという考え方は、株式投資などにも適応できます。

　株式はリスクが高い投資対象です。大型の有名銘柄でも年率で20～30％、値動きが大きいものであれば、50％程度価格が標準的に動きま

図3-9 株価に含まれるリスク・プレミアム

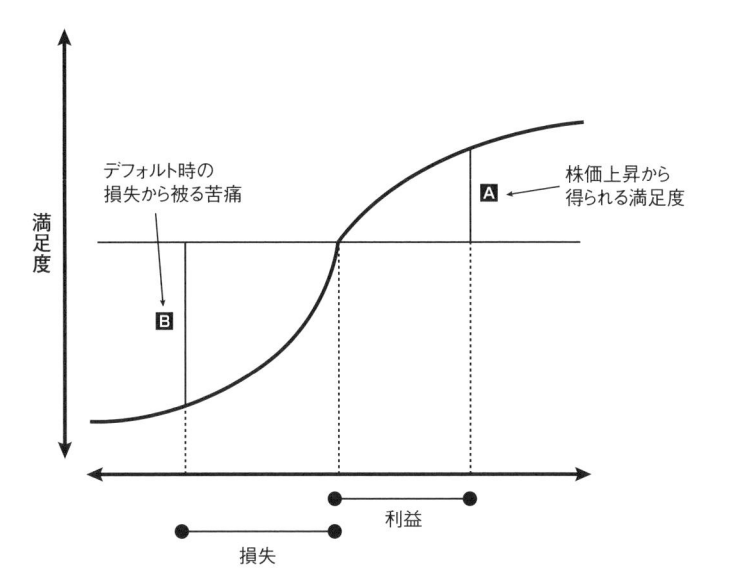

デフォルト時の損失から被る苦痛　　　株価上昇から得られる満足度

満足度

A
B

損失　　利益

効率的市場では、株価が上がるのと下がるのは五分五分

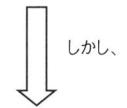

⇓ しかし、

A ＜ B
効率的価格では、株への投資は割に合わない…

⇓

リスク・プレミアムの上乗せが必要

⇓

上がる確率のほうが高くなるように、効率的価格よりも低い価格になる必要がある

す。

　もちろん、効率的なマーケットでは値上がりするか値下がりするかは五分五分です。これを先ほどの損失回避人間の効用曲線に当てはめて考えてみましょう。

　そうすると、たとえば20％値下がりする確率と、同じだけ値上がりする確率は同じですが、損失から受ける苦痛は利益から得られる満足よりも大きいため、多くの投資家にとって株式投資は割に合わないものとなります。

　これが割に合うようになるためには、効率的市場で決まる本来の株価よりもリスク・プレミアム分だけ安く投資できなければなりません。つまり、損失回避人間が価格の主導権を握っているマーケットでは、株価は効率的市場の株価よりも安く設定されているはずなのです。

　この安い株価は、もはや値上がりと値下がりの確率が五分五分の均衡価格ではなく、値上がりする可能性のほうが高い価格です。つまりこの価格は、プラスの期待リターンをもたらすものといえます（図3-9）。

　株価は非常に変動が激しいので、実証的にこの価格の割安さ、つまりリスク・プレミアムを正確に測定することは困難です。しかし多くの実証研究により、1990〜2003年の日本株のような例外はあるものの、長期的には株式投資のリターンは安全な国債への投資リターンよりも高くなる傾向が広範囲に確認されています。

　株式投資のリターンが国債投資のリターンよりも傾向的に高くなるこの現象は、古典的な投資理論では説明できないため、長く「株式プレミアムの謎」と呼ばれていました。しかし、非対称な（限界）効用曲線という現実的な想定を置くだけで、この謎は理論的に説明できるようになります。

● **人気と投資価値は反比例**

　こうしたリスク・プレミアムは、対象があまり知られていないもの、あるいは人が心理的に嫌うものであればあるほど、大きくなります。

　人は、自分があまり知らない対象に関してはあまり積極的な評価をしたがらない傾向があります。後述するイリュージョン・オブ・コントロール（自己関与の幻想）の一種とも考えられますが、いずれにしてもこの傾向のせいで、よく知らない投資対象に対しては投資家の（限界）効用曲線の左右非対称性がきつくなり、大きなリスク・プレミアムが織り込まれ、価格が割安になると考えられます。もちろんこれは、プラスの期待リターンの発生を意味します。

　逆に誰もが知っている有名な投資対象では、投資家の（限界）効用曲線の非対称性が薄まり、あまり大きなリスク・プレミアムが要求されず、したがって価格は割安でなくなり、期待リターンも大きくなりません。これはあくまでも一般的な傾向であって、これがすべてではないのですが、認知度の高まりは、貴重な投資収益源であるリスク・プレミアムを減少させる効果をもっているのです。

　また人は、ある対象にいったん悪い印象をもってしまうと、本当は評価すべきところがあったとしても、それを積極的に評価できなくなってしまいます。何らかの特定の情報や印象がその後の判断に影響を及ぼすのです。判断を左右するものがその対象への第一印象である場合には初頭効果とも呼ばれ、あるいは何らかの数値情報が後々まで引きずられる場合にはアンカーリング（投錨）効果と呼ばれたりします。

　いずれにしても、こうした"嫌われる"対象に関しても、大きなリスク・プレミアムが要求されることになります。

　人に見向きもされないもの、嫌われているものはリスク・プレミアムによって価格が押し下げられ、したがって期待リターンが高くなるという考え方は、有名な相場格言「人の行く道の裏に花あり」という言葉と

相通じるものがあります。

　簡単な例を2つあげておきます。

　まず不良債権です。不良債権は最初の貸し手にとってはまさに"不良"であり、忌避したい対象です。しかし、他の投資家にとっては、適正な価格で購入できるのであれば、多少リスクが高いかもしれませんが普通の投資対象と変わりはありません。

　しかし、"不良"という言葉がついており(注)、「不良債権は厄介なもの」というイメージが多くの人に刷り込まれているため、積極的に投資をしようという人がなかなか出てきません。結局、大きなリスク・プレミアムが織り込まれ、単にリスクに見合う水準よりもかなり割安にならないと買い手がつかないことになります。そして、その不人気のおかげで、不良債権投資の期待リターンは高くなっていくのです。

　またマーケットには、「サラ金プレミアム」というものがあります。消費者金融会社の株や債券が、他の産業のものに比べて割安な価格になるという現象です。

　これは、かつての「サラ金地獄」や、ときどきニュースで報道される高金利貸付、厳しい取り立て、ときには直接関係のないヤミ金融業者が起こした事件などの情報に左右され、消費者金融に積極的なイメージをもてなくなってしまう投資家が多くいることから生まれます。

　いったんそうしたイメージをもってしまうと、消費者金融会社が高度なリスク管理手腕をもっていたり、高い収益性を誇っていたとしても、それを正当に評価できなくなり、より高いリスク・プレミアムを求めるようになります。

　こうした投資対象に真っ先に目をつけ、多額の投資をしてきたのが、そういう先入観とは無縁の外資系投資家でした。彼らはそうした投資から理論通りの高いリターンを獲得し、それによってようやく日本人投資家も、そうした投資対象に合理的に向き合うようになったのです。

ただし、認知度が上がり、投資家層が拡大すると、リスク・プレミアムは減少し、従来の「不良債権プレミアム」や「サラ金プレミアム」のようなものは薄くなっていくことになります。
　人気と投資価値が反比例の関係にあるということが、こうしたところからもうかがえます。

　　　　（注）用語や言葉遣いによって判断基準が変わるのは、フレーミング効果の一例で、とくにワーディング効果と呼ばれたりします。

●リスクテイカーは報われる

　リスク・プレミアムというものは、これまでの議論からもわかるように、リスクが大きいものに対してより強く求められることになります。そして、リスクの大きいものには大きなリスク・プレミアムが織り込まれているということは、リスクをとればとるだけ期待リターンが高くなることを意味します。
　これは、一般に言われている「虎穴に入らずんば虎児を得ず」とか「リターンが大きいものはリスクも大きい」などと一見同じことのようですが、実はまったく違う概念です。
　リスクが大きい投資対象は、そのリスクに見合うようにリターンも大きくなるのは当然ですが、それだけではなく、そのリスクを考慮した後のリターン（リスク調整後リターンといいます）がプラスになっていくのです（図3-10）。つまり、リスクが高いものはプラスの期待リターンをもち、負けるよりも勝つ確率が高いという意味になります（注）。
　大きなリスクをとらなければ大きなリターンは狙えませんが、大きなリスクをとることは、勝つ確率を高めることでもあるのです。
　もちろん、これは原則論であって、むやみにリスクが高いものに投資すればいいということではありませんし、また単にリスク量を増やせば

▶ **図3-10 リスクが高いものほど勝つ確率が上がる？**

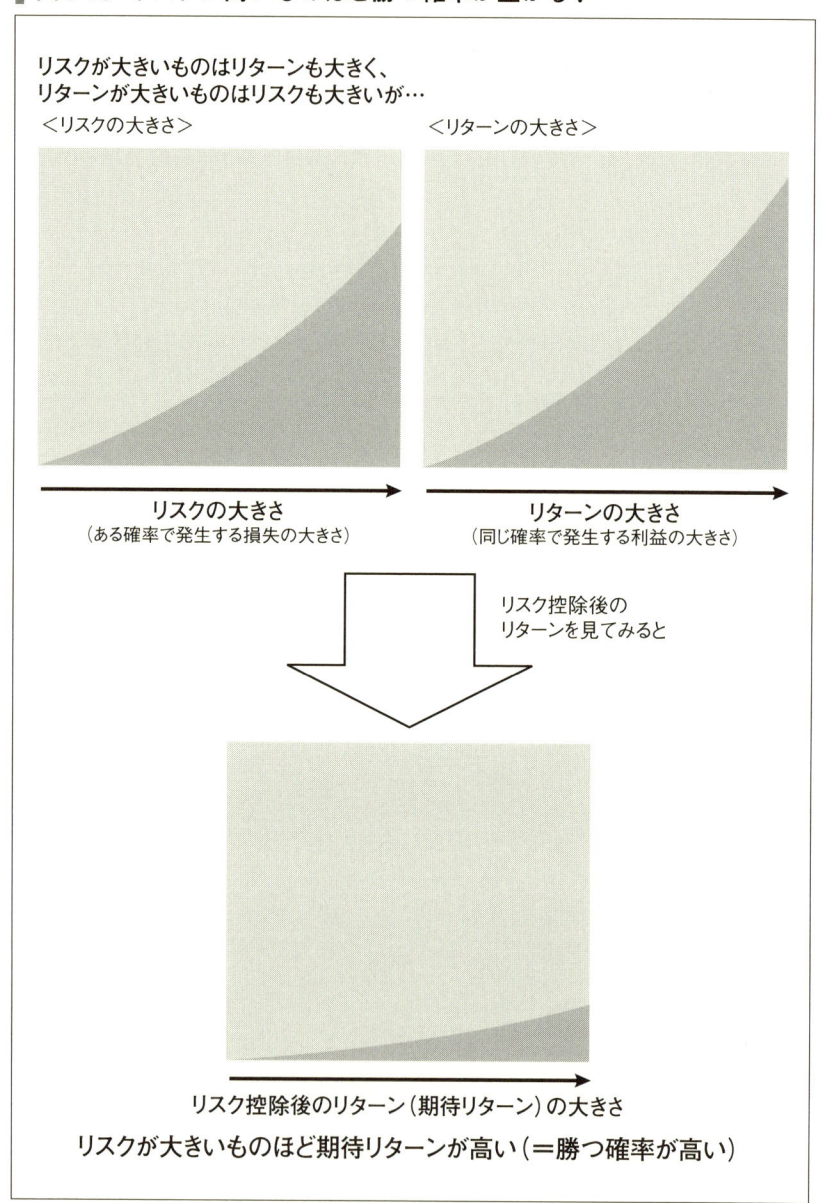

リスクが大きいものはリターンも大きく、
リターンが大きいものはリスクも大きいが…

＜リスクの大きさ＞　　　　　　＜リターンの大きさ＞

リスクの大きさ
（ある確率で発生する損失の大きさ）

リターンの大きさ
（同じ確率で発生する利益の大きさ）

⬇ リスク控除後の
リターンを見てみると

リスク控除後のリターン（期待リターン）の大きさ

リスクが大きいものほど期待リターンが高い（＝勝つ確率が高い）

いいということでも決してありません。ただ、非対称な（限界）効用曲線を前提としたマーケットでは、「リスクテイカーがより報われる」ということが構造として組み込まれることになります。

> （注）厳密にいえば、これは勝ち負けの幅がほぼ同程度と考えられるものについて当てはまります。株や為替、金利などがこれに該当します。勝ち負けの幅がまったく違うもの（社債など）の場合、期待リターンがプラスであることと、勝つ確率がより高いことは必ずしも同義にはなりません。

● 機関投資家の投資制限の影響

リスク・プレミアムは、リスクが大きくなればなるほど、そして認知度が低かったり人に嫌われたりするほど大きくなるはずですが、機関投資家などの行動規準によっても高くなったり、低くなったりします。

典型的な例として、やはり社債投資について見てみましょう。

機関投資家などでは、社債に投資するとき、信用力が高い（デフォルトに陥るリスクが低い）と考えられるもの以外には投資できなくするように、あらかじめ投資制限を設定しておくのが一般的です。

社債には、「格付」というものがついています。格付は格付会社が社債の発行企業の信用力を分析し、それを記号で表わしたものです。

一般的な表記にしたがうと、ＡＡＡ（トリプル・エー）が最も信用力が高く、デフォルトリスクがほとんどゼロに近いと考えられる格付です。そして信用力が低くなる（デフォルトリスクが大きくなる）にしたがって、ＡＡ（ダブル・エー）、Ａ（シングル・エー）、ＢＢＢ（トリプル・ビー）、ＢＢ（ダブル・ビー）、……と変化していきます。一般に、ＢＢＢ以上のものはデフォルトリスクが十分に低く投資適格級と呼ばれます。そしてＢＢ以下になるとリスクが高くなり、投機級、ハイイールド、ジャンク債などといわれるようになります。

多くの機関投資家では、Ａ以上しか投資できない、ないしは投資適格

▶図3-11 格付別のリスク量と実際のスプレッド水準のイメージ

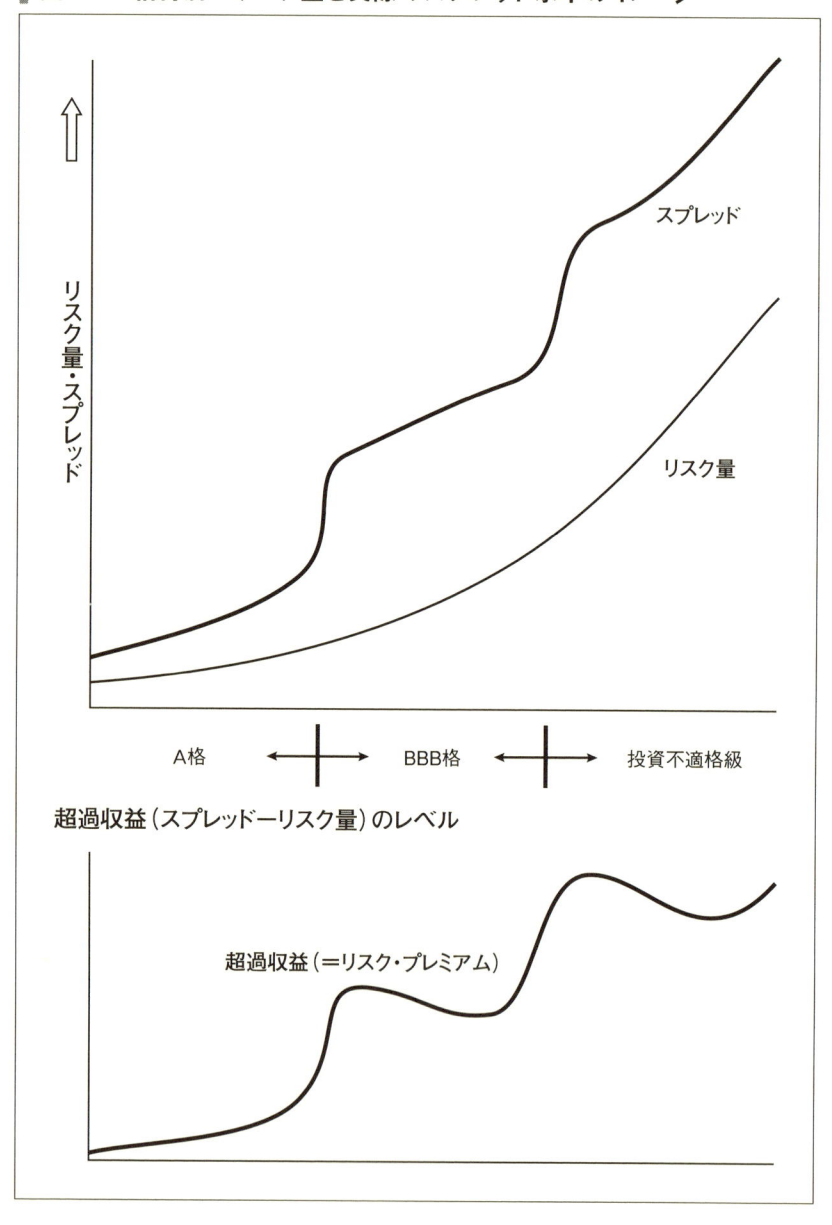

リスク量・スプレッド

スプレッド

リスク量

A格 ← → BBB格 ← → 投資不適格級

超過収益（スプレッド−リスク量）のレベル

超過収益（＝リスク・プレミアム）

級であるＢＢＢ以上しか投資できないというような投資制限があります。こうした投資家がマーケットで大きなウェートを占めている場合には、マーケットの資金の大部分はこの投資制限の範囲内で投資されることになり、投資制限内の社債のリスク・プレミアムは押しつぶされることになります。

　一方で、投資制限の範囲外にある社債は、それを買える投資家が非常に少なくなりますので、十分なリスク・プレミアムを織り込んでもなかなか買い手がつかず、割安な価格のままに放置されることになります（図3-11）。

　一般に、大手の機関投資家が買えないものにこそリスク・プレミアムが豊富に存在するということができます。逆にいえば、大手の投資家が大量に資金を注ぎ込んでいるものには、リスク・プレミアムは豊富には存在しません。

　ただ、買い手がまったくいなければマーケットは成り立ちません。

　日本の社債マーケットでは、同じような投資制限をもつ機関投資家が圧倒的なウェートを占めていますので、こうした傾向が顕著に表われています。シングルＡ以上、あるいは投資適格の社債はリスク・プレミアムが押しつぶされやすい傾向があります。一方で、投資適格から外れる社債には本来大きな収益機会があるはずですが、実際には投資家がほとんど存在しないため、いわゆるジャンク債マーケットそのものがあまり機能していません。

　ジャンクとはもともと「がらくた」とか「くず」という意味ですが、ジャンク債先進国である米国では大きなマーケットが成立しています(注)。いいものを高く買うよりも、がらくたであっても安く仕入れるほうがリターンはよくなると考える投資家がいるのです。

　実際にこうしたジャンク債は、リスクが大きく損失を出すこともありますが、長い目で見れば格付の高い（リスクの小さい）社債よりもリタ

ーンが高くなる傾向があり、やはりプラスの期待リターンが存在しているものと推測できます。

こうした議論は、再び株式市場にも当てはまります。

大手の機関投資家は資金のほとんどを１部上場の大型銘柄を中心に投資しています。したがってそうした大型銘柄は、リスク・プレミアムが薄められる傾向があります。逆に、彼らがあまり資金を振り向けない小型株や新興株はリスク・プレミアムが厚くなる傾向があります。

ただ、ここで注意が必要です。

投機級の債券や小型株、新興株などのマーケットは、１部上場市場などに比べると懐が深くはありません。こうしたマーケットのリターンが高く出るようになって注目を集めるようになると、多くの機関投資家が参入してくるようになります。

規模が大きくないマーケットでは、こうした機関投資家がわずかでも参入してくれば価格は跳ね上がり、リスク・プレミアムが押しつぶされてしまう危険があります。

一般にこうしたマーケットでは、強いサイクル性が見られます。

大手の機関投資家に放置される→リスク・プレミアムが厚くリターンが高い→注目が集まり参入が増える→値が上がり（リスク・プレミアムは縮小）、ブームになる→リスク・プレミアムが押しつぶされ、ときにはマイナスになってしまいリターンが急低下する→もともとリスクが高いマーケットなのでリターンが下がると資金が逃げ出す→価格が大きく下がりリスク・プレミアムが回復する。こうしたサイクルが繰り返されるのです。

> （注）米国でのジャンク債マーケットの急拡大は、ドレクセル・バーナム・ランバート証券のマイケル・ミルケン氏の功績を抜きにしては語れません。"ジャンク債の帝王"といわれたミルケン氏は、1990年にインサイダー取引などの容疑で逮捕され、ドレクセル社も破綻してしまいました。しかし、彼が急成長させたジャンク債マーケットは、米国において新興企業の新たな

資金調達手段を生み出し、さらに企業合併・買収ブームを起こし、米国のマーケットの成熟と企業社会のダイナミズムの源泉の１つともなっています。彼の犯した罪はともかく、その功績の大きさは決して歴史から消すことはできないでしょう。

ちなみに、映画『ウォール・ストリート』の主人公のモデルともいわれるミルケン氏は、その後、コンサルタント、教育・慈善事業などで復活を果たしています。このあたりにも米国社会の活力と懐の深さが感じられます。

● リスク・プレミアムを収益化するには本能に逆らうことが必要

　先進国のマーケットでは、その大部分（大部分というのがどのくらいなのかは別として）がランダムな動きによって構成されていますので、プラスの期待リターンは滅多に存在しません。リスク・プレミアムは、そうした意味で、非常に貴重な収益機会なのです。

　ただ、ここで厄介な現実に目を向けなければなりません。

　まず、リスク・プレミアムの存在自体は、理論的にも説明できますし、多くの実証研究もその存在を示唆していますが、正確にどこにどれだけのリスク・プレミアムが存在するかを知ることは難しいのです。

　ですから、過去の相場のサイクルを知り、今現在の相場が十分なリスク・プレミアムを織り込んだ局面なのか、それともリスク・プレミアムが剥げ落ちてしまった局面なのか、大雑把にでも、見当をつけておく必要があります。

　さらに、本書ではあまり立ち入りませんが、金融工学などを使ってリスク・プレミアムの測定をする自分なりのやり方をもっておくことも望ましいでしょう。

　それ以上に厄介な点があります。

　このリスク・プレミアムは、人間が嫌がることに対する対価なのです。ですから、このリスク・プレミアムがプラスの期待リターンを意味しているとわかったとしても、それを取りにいくには自分の本能に逆らわな

ければなりません。

　別の言い方をすれば、心理的な満足を最大限にしようとする効用最大化の行動原理では、このリスク・プレミアムを得ることはできません。リスク・プレミアムを得るには、自らの効用（心理的満足）を犠牲にしなければならないのです。

　これは困難なことです。明確に意識しない限り、自らの効用を捨てることはできないでしょう。

　もちろん、人の精神的傾向には差がありますが、自分だけは一般的な心理傾向とは無縁であると考えることは、一般にあまり良い結果を生みません。むしろ、自分の心の中に抵抗感を感じないときは、たとえば「ブームになって他の人たちも抵抗感を失ってしまっている」と考えたほうが、多くの場合に当てはまります。人々が抵抗感を感じなくなれば、（限界）効用曲線の左右非対称はなくなり、それに伴ってプラスの期待リターンももはや存在しなくなっているのです。

　結局、リスク・プレミアムとは、多くの人が嫌がるものに対して、多くの人が嫌がっている間に果敢に立ち向かっていく少数の人たちに対する報酬として用意されているものだといえます。

● リスクヘッジは高コスト

　リスク・プレミアムに関して、最後にリスクヘッジにも触れておきましょう。

　リスク・プレミアム（とその背景のプロスペクト理論）は、簡単にいえば「人はリスクを過度に嫌う」ということです。これは裏を返せば、「人はリスクをヘッジするためには多少のコストは厭わない」ということにつながります。

　これは、たとえばリスクヘッジ手段であるオプションなどの価格が割高にプライシングされている可能性を示唆します。

オプションは、買っていればリスクは限定されていてリターンは無限大、売っていればリターンは限定されていてリスクが無限大です。買いが有利で、売りは不利なわけです。もっとも、その有利・不利分は価格に反映され、本質的には有利・不利は発生しないとされています。

　しかし、ここにプロスペクト理論を当てはめると、リスクを厭う損失回避人間が、オプションの売りを嫌がって買うほうにばかり回るため、オプションの価格は本来の効率的均衡価格よりも高くなってしまうことになります。

　つまり、リスクヘッジのためにオプションを買ってばかりいる投資家は、この割高な分だけ期待リターンを押し下げ、逆に売りに回った投資家は期待リターンを引き上げることができます。

　もちろんリスクヘッジはすべての投資家にとって非常に大切な概念です。多少のコストを払ってでもリスクを回避すべきときもあるでしょう。しかし、人間の本能にしたがってリスクヘッジばかりしていると、大きなリターンは期待できませんし、それ以上に、気づかないうちに割高なコストを払い続けていたということにもなりかねません。

　もっとも、これもリスク・プレミアム一般にいえることと同じですが、オプションは売りさえすれば期待リターンがプラスになるわけではもちろんなく、慎重な見極めが必要であることはいうまでもありません。

自己関与の幻想

　イリュージョン・オブ・コントロールと呼ばれる現象があります。"自己関与の幻想"というような意味で、何らかの意思決定に関して、自分が関与することによってよりよい結果が導かれるという幻想を抱くことをいいます。

　たとえば、宝くじは誰が買っても当たる確率は変わりませんが、ほとんどの人が宝くじを人に買ってもらうようなことはせず、常に自分で買いに行きます。こうした行動も、このイリュージョン・オブ・コントロールの現われです。

　これは、人間の社会生活においてはさまざまな局面で見られる現象です。自分がよく知らないことに対しても口出しせずにいられない人や、部下に仕事を任せられず何でも自分の管理下に置かなければ気が済まない上司なども、この現象の一つです。

　もちろん、投資においてもこの幻想はつきまといます。たとえば、自分がよく知っている投資対象に十分な投資機会がなく、むしろそれ以外のところにチャンスが転がっている場合でも、自分が知らないものには見向きもせず、知っているものを過大評価して、そこで無理にリスクをとりにいってしまいます。

　あるいは、自分が知らないことに対して、外部の専門家などの知識や判断を信用せず、どんなに稚拙なものであっても自分自身で分析してみないと気が済まないというような場合もあります。

　この傾向はとくに機関投資家において顕著であり、特定の分野で優れた専門家を雇うよりも、あくまでも自力でやりたがる傾向があります。そうした結果、あまり役に立たない結論を導くために、多大なコストをかけたりすることになってしまいます。

とくにマーケットにおける分析の場合、中途半端で表面的な分析ではマーケットに翻弄されるだけになってしまうことが多く、コストをかけたうえで、負ける原因をわざわざつくってしまうことにもなりかねません。

ただし、"自己関与の幻想"は自己が関与したほうが勝率が高い気がすることをいうのであり、そうした幻想を排除できるのであれば、自己関与そのものは投資において否定されるべきものではありません。

投資は自己責任の世界です。それに専門家だからといって予想が当たるわけでもありません。人の意見を鵜呑みにせずに、自分なりに勉強し、咀嚼したうえで投資判断をするという意味では、むしろ"自己関与"こそ投資に必要なものということもできます。

● 「理解できるものにしか投資しない」というバフェット理論は
　多くの投資家に逆効果

"自己関与"の重要性を表わす一つの例として、ウォーレン・バフェットによる「自分が理解できる企業にしか投資しない」という投資スタイルが有名です。

このスタイルは、企業の事業内容を、単に頭で理解するだけでなく、感覚的な意味も含めて十分に理解したうえで、そうした企業の中で十分な利益成長力をもつ割安な企業を選び出して投資するというものです。

バフェットの素晴らしい投資実績から裏付けられるように、少なくとも彼にとってはこれが正しいものであることは間違いないでしょう。しかし、同時にこれは、どんな投資手法やスタイルも万人に当てはまるわけではないという恰好の見本でもあります。

このスタイルはバフェットが自らの能力や経験、資質をもとに自ら編み出したものであるから彼にとって正しいのであって、一般の投資家がその言葉尻を模倣してうまくいくものではないのです。

このバフェットの自己関与の原則は、一般投資家にとっては自己関与の"幻想"と混ざりあってしまい、「自分がよく知らないものはリスクも大きそうだから止めておこう」というような、何もしないことへの言い訳に使われることがよくあります。
　わからないものはわかるまで研究し、そのうえで、頭ではわかるけど感覚的に納得できないからやめておこうということになるのが、バフェット流です。そうした部分が欠けていれば、この原則は、収益機会を自ら狭め、勝てるチャンスをみすみす失ってしまうことにつながります。

●専門家主義の限界

　一口にマーケットといっても、為替や株式、債券、さらにはそれぞれの国といった具合にさまざまなものがあるわけですが、それぞれのマーケットにはマーケットであるがゆえの共通した構造があります。
　したがって、一つのマーケットについて深く理解している投資家は、他のマーケットについてもすぐに適応できるようになるのが普通です。マーケットの最も難しいところは、どんなマーケットにも共通する本質的な部分にあるのであって、個々のマーケット特有の情報や知識は、比較的簡単に習得できるものだからです。
　自分が最も習熟しているマーケットを、それぞれの投資家にとっての「マザーマーケット」といいます。
　マザーマーケットを深く理解するように努めるのは当然ですが、そこだけにとどまるのではなく、できるだけそこに関連したマーケットにまで興味を広げ、さまざまに研究したり分析したりするほうが、勝てそうな投資機会を見つけるという点ではプラスに働くことが多いでしょう。
　とくに、各マーケットは互いに相関し、互いに影響を与えながらそれぞれの相場を形成しています。単独に独立して存在しているマーケットなどないのです。

▶図3-12　市場の"M理論"

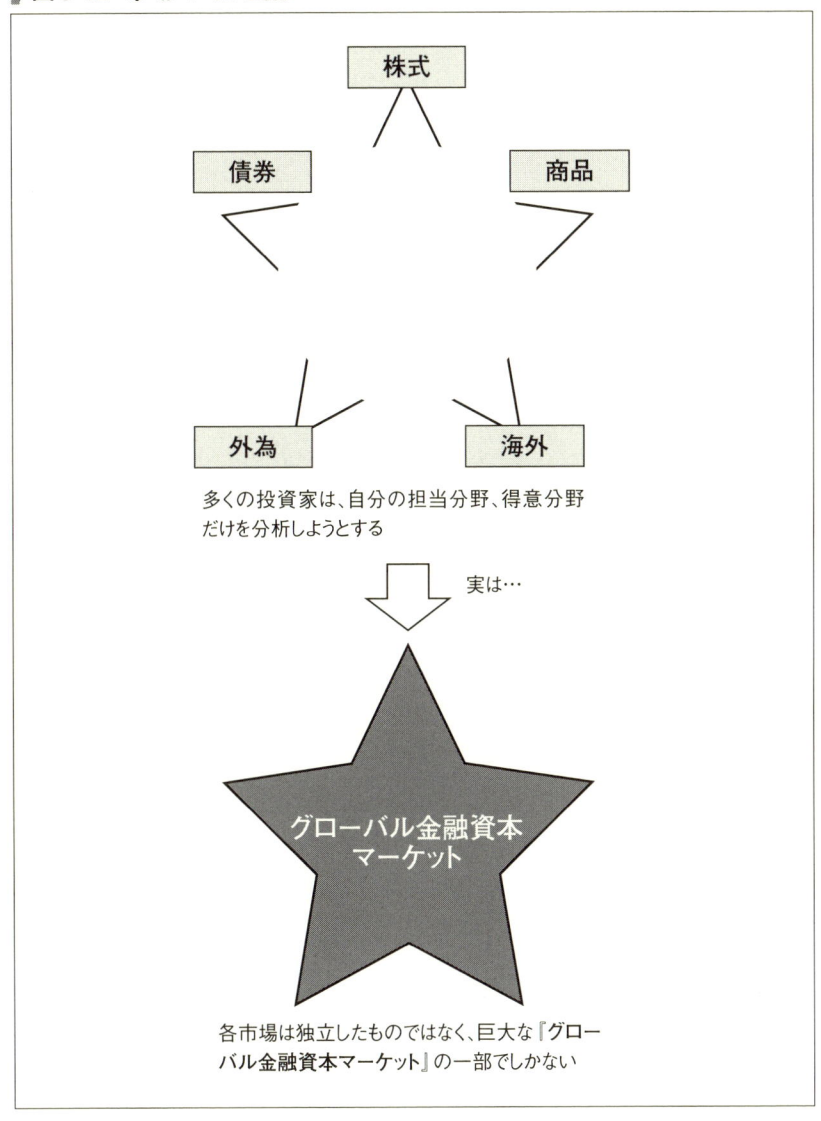

```
           株式
          /    \
       債券      商品
        \        /
         \      /
        外為   海外
```

多くの投資家は、自分の担当分野、得意分野だけを分析しようとする

⬇ 実は…

★ グローバル金融資本マーケット ★

各市場は独立したものではなく、巨大な『グローバル金融資本マーケット』の一部でしかない

※M理論とは、物理学の用語から援用しています。物理現象を根本から説明すると期待される"ひも理論"にはいくつかのパターンが存在します。独立して存在すると思われていたそれらの理論は、より大きな統一理論の一部であると考えられるようになってきています。この統一理論がM理論と呼ばれています。

たとえば、為替相場は、金利や株式市場の影響を強く受けます。金利や株価について何の認識も見通しももたない投資家よりも、そうした各マーケットを一体のものとして見ることができる投資家のほうが、収益機会をより柔軟にとらえることができるのは自明のことです。
　また、世界のマーケットは米国の動向に強い影響を受けます。日本や欧州の債券や株式に投資している投資家がいくら自国のマーケットについて精緻な分析をしても、米国の動向に注意を払わなければ重要な要素が欠けていることになります。
　一般に欧州では、地域内の要因よりも米国市場の動向のほうが相場の変動に大きな影響力をもちます。日本は欧州に比べると多少相関関係は弱いのですが、それでも一般に認識されている以上に米国市場の影響を強く受けます。
　このように、自分の担当分野、得意分野だけを見ていると、その分野のことすらわからなくなってしまいます。ですから視野を広げ、少なくとも自分のマザーマーケットと強い相互関係をもつマーケットを理解するように努力することが大切です（図3-12）。

勝った気になってしまうメカニズム

　投資家の心理的傾向は、投資判断を歪めてしまうだけではありません。投資した結果についての評価も歪めてしまいます。
　多くの投資家は、実際の投資実績よりもよい成績を残していると思いがちなのです。
　個人投資家であれば、儲かった投資についてはいくら儲けたというようなことを鮮明に覚えていますが、損した投資に関してはきちんと損益を計算していなかったり、記憶が曖昧だったりします。

これは「自己責任バイアス」と呼ばれるものに起因しています。
　成功については、本当はそれがたまたまであっても、人間は自分の能力や努力によって実現したものだと思う傾向があります。自己責任バイアスのなかの「自己高揚バイアス」といわれるものです。このバイアスのために、成功は記憶に鮮明に残ります。
　しかし失敗については、そこに自分の重大なミスがあったとしても、「たまたま運が悪かっただけだ」とか、「著名投資家も負けたらしい。自分だけじゃない」というように偶然のせいにしたり慰めを求めたりしがちです。これが「自己防衛バイアス」で、やはり自己責任バイアスの一つです。このバイアスのために、ときには「自分の見込みは悪くなかった。だがマーケットがおかしな動き方をした」とマーケットのせいにしたりすることもあります。責任を感じていませんから、当然その記憶は薄れていきます。
　その結果、本当の成績が悪くても、自分ではなんとなくうまくやっているように感じるものなのです。
　こうした傾向は機関投資家でも見られます。個人責任制のディーラーなどでは毎期毎期の損益が実額で明示されるため、そうした曖昧さはありませんが、完全な個人責任制が適用されていない場合には、個人の損益がどうしても曖昧になってしまいます。その場合は、やはり自分の実績を過大に評価してしまいがちです。
　負けていても勝っていると思ってしまうこの心理的傾向は、実はかなり厄介なものです。自分が負け組投資家であることに気がつかないまま、分の悪い投資を続けることになりかねないからです。
　不確実性に支配されるマーケットにおいては、負けること自体が悪なのではありません。むしろ、負けた投資を冷静に振り返ることで貴重な経験を得ることも多いのです。ですから、本当に避けなければならないのは、それとは知らずに負け続けることです。

▶ 図3-13　人間は投資に不向き？

損失回避人間

①勝っているときはすぐに利食い、負けているときは塩漬け・ナンピン　⇒　**小さく勝って大きく負ける**

→ 大きく負け越したときにはすっかり嫌気がさし…　⇒　永遠の負け組へ

②リスクがあるものを嫌う　⇒　**効率的市場には存在しないはずのリスク・プレミアムが発生**

（とくに）人気がないもの
　　　　　印象が悪いもの
　　　　　よく知られていないもの

→ リスクのないもの、人気があるもの、注目を集めているものには投資価値がない

→ リスクをヘッジするには余計なコストがかかる

自己関与人間

「理解できないものには投資しない」
いつも見ているマーケットでしか考えない　⇒　**勝てるチャンスをみすみす逃してしまうことに…**
（狭い土俵の中で無理をしてしまうことにも…）

無責任人間

勝ったのは自分のおかげ
負けたのは運が悪かっただけ　⇒
- 気がつかないままに負け組へ…
- いつまでたっても市場が理解できない…

したがって、個人投資家においては、勝ち・負けを問わず正確に損益を記録することがとても大切です。機関投資家では、個人責任制でない場合は誰が何に対してどれだけの責任を負っているのかが明確ではないことも多いのですが、できるだけそうした曖昧さをなくし、勝ち負けが明確にわかるようにしていく努力が非常に大切になります（**図3-13**）。

投資におけるゲンかつぎの意味

　この章の最後に、もう一度宝くじの例をあげます。
　歪んだ効用曲線という現実的な仮定を置けば、宝くじは「非合理的なもの」として切り捨てる必要がなくなることは、すでに述べたとおりです。しかし、現実の宝くじにはさまざまな非合理もつきまとっています。どんなに忙しくても、人に買ってもらうようなことをせずに必ず自分で買いに行く「イリュージョン・オブ・コントロール」もその一つです。
　そのほか、必ず発売当日に買いに行くとか、特定の売り場に買いに行くとか、あるいは「000001番」や「123456番」といったわかりやすい数字を嫌うというような行動がよく見られます。
　残念ながらこうした傾向は、迷信と同じようなもので何の根拠もありません。当たりくじがよく出るといわれる宝くじ売り場は、決まって数をさばいている売り場です。販売数が多ければ当たりくじが出る確率が高くなるのは当たり前です。しかし、それは、そこで買った一枚一枚の宝くじの当たる確率が高いことを意味するわけではありません。
　宝くじの当選番号を決定するときに何らかの原因で出やすい番号とそうでない番号があるのでなければ（実際にないと思いますが）、「000001番」と「247293番」とで当たる確率が変わるわけでもありません。
　投資においても、こうした"ゲンかつぎ"のようなものはよく見られ

ます。

　こうした話をしたのは、"ゲンかつぎ"を否定するためではありません。宝くじの場合でいえば、"ゲンかつぎ"をしても別に期待リターンが下がるわけではないのです。

　とくに投資は、精神に負担がかかる行動です。その負担を軽減し、それによって余計な不安を解消できるのであれば、むしろゲンかつぎはプラスの効果をもつといえるかもしれません。

　しかし、特定の売り場で宝くじを買うためにわざわざ電車賃をかけて買いに行くとすればどうでしょうか。その電車賃の分だけ宝くじの期待収益は下がってしまいます。宝くじの巨額の賞金からすればわずかな電車賃は大した意味をもたないかもしれませんが、いずれにしても、ゲンかつぎがコストを伴うようになったり、自分の行動を縛ってしまうようになったりすれば本末転倒です。

　したがってゲンかつぎをする場合でも、投資行動がそれによって縛られるようなことがない範囲内で、うまく自分なりのゲンかつぎを見つける必要があります。

第3章 行動ファイナンス理論が示唆するマーケットの非効率の存在

COLUMN3

プロスペクト理論

プロスペクト理論は、以下のようなフレーミング効果と呼ばれる現象を説明するための仮説として登場しました。

たとえば、ある特殊な病気に500人がかかったとします。それに対して、

治療1：200人が確実に助かる

治療2：60％の確率で全員が助からず、40％の確率で全員が助かる

という2つの治療法が提示されると、両方とも助かる人の期待人数は変わらないのに、多くの人が治療1を選びます。

一方で、

治療1'：300人が確実に死亡する

治療2'：60％の確率で全員が死亡するが、40％の確率で全員が死亡しない

という形で治療法が提示されると、実は先ほどの治療法と同じものなのですが、今度は治療2'を選ぶ人が多くなるのです。

プロスペクト理論では、最初の治療1、2は、全員が死亡するという状態が基準点（リファレンスポイント）となって、そこから何人助かるかという枠組みで治療法を評価すると考えます。そして、こうしたプラス方向の評価をする場合には、人はリスク回避型になり、確実性を好むようになります。

一方で、治療1'、2'では、全員が助かるという状態が基準点となって、そこから何人死亡するかという枠組みで治療法が評価されます。そうしたマイナス方向の評価をする場合には、人はリスク追求型になります。

それを示すのが本文で説明した、損失領域では下に、利益領域では上に膨らんだ効用曲線です。そして、利益と損失は、基準点からの乖離としてとらえられます。投資においては、この基準点は、当初の、もしくは何らかの時点での投資ポジションの価値であり、そこからの乖離を損益として認識していると考えられます。

プロスペクト理論にはもう一つ、「人は僅少な確率を過大評価し、中

程度あるいは高い確率を過小評価する傾向がある」という重要な概念があります。これを表わしたものをウェート関数と呼んでいます（図）。

宝くじや社債のリスク・プレミアムは、このウェート関数で説明することもできますが、ペテルスブルグのパラドックスがこれだけでは上手く説明できないため、本文では効用曲線の歪みとしてのみ説明しています。

プロスペクト理論はあくまでも現実を説明するための仮説であって、そのために、時と場合により現実に当てはまらない事象も出てきます。そうしたことに厳密にこだわるよりも、あくまでも現実を理解するためのツールとして柔軟に使っていくほうが有効であるように思われます。

▶ウェート関数とは？

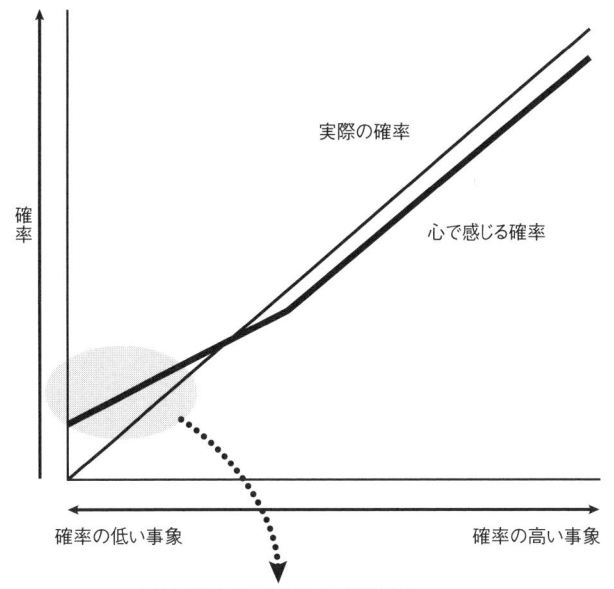

（縦軸）確率
（横軸）確率の低い事象 ─ 確率の高い事象

実際の確率
心で感じる確率

- 宝くじで当たる確率を過大に評価する
- 社債投資でデフォルト（債務不履行）に陥る確率を過大に評価し、それを補うために高い利回りを要求する

第4章 マーケットにひそむ落とし穴

- ◉ファンダメンタルズ分析の罠 …………………………114
- ◉テクニカル分析の罠 …………………………………132
- ◉損切りができない～最も危険で最も陥りやすい罠 ……147

  コラム4
  物理学はとても神秘的……………………………………156

「大部分が予測不可能なランダムな動きによって構成され、しかし一部には人間の心理的傾向から生み出される特有のパターンをもつ」というマーケットのとらえ方は、現実の投資において非常に大きな意味をもってきます。

本章では、マーケットのこうした構造から生まれ、多くの投資家を知らず知らずのうちに失敗に追いやってしまう"マーケットの罠"について見ていくことにします。

マーケットには多くの"常識"や"通説"がありますが、今まで見てきたマーケットの構造に照らし合わせてみると、そうした"常識"や"通説"には多くの罠が隠されていることになります。そうした罠に陥らないようにすることこそが、投資で成功を期するための大切なステップとなります。

ファンダメンタルズ分析の罠

● ファンダメンタルズ分析

ファンダメンタルは「基礎」とか「根本（原理）」という意味で、マーケットの世界では、それを複数形にしたファンダメンタルズという言葉で「経済の基礎的条件」を意味します。より具体的には、経済指標などをもとに判断される経済の活動状況のことです。また、株式や社債などへの投資に関しては、その投資の対象となる企業の業績や財務状況などを指す言葉としても使われます。

投資の教科書ではどれも、ファンダメンタルズをしっかりと分析してから投資するように教えています。それ自体は当然のことといえるでしょう。しかし、ファンダメンタルズ分析をすれば投資がうまくいくかどうかまでは教えてくれません。

ファンダメンタルズ分析にはさまざまな流儀があります。しかし一般的にイメージされているファンダメンタルズ分析は、発表された経済指標や企業決算を分析して状況を正しく理解し、それをもとに投資戦略を立てるというものでしょう。とくに機関投資家のほとんどは、多かれ少なかれこのような考え方に基づいて投資戦略を決めています。

　しかし、この一見当たり前の投資行動が、現実のマーケットのなかでは大きな困難に突き当たってしまいます。これは、現実の投資における最初の、そして非常に大きな壁です。なぜそうなるのか、その原因とメカニズムを見ていくことにしましょう。

● ランダムではないトレンドの発生

　ランダムな動きの中には、人間がトレンドとして認識してしまうものが含まれています。しかしそれは、人間がただ単にそう感じてしまうだけであり、そこから将来の動きを予測することはできません。

　また、カオス的な振る舞いと、持続的な動きを過小評価しがちな人間心理を背景として、自然に発生するトレンドがあることも前章で見てきました。とはいえ、自然発生したトレンドについても、いつどこで終わるかの予測は不可能であり、それをとらえて投資の期待リターンを高めることはできません。

　しかし、現実のマーケットではもう一種類、ランダムでも自然発生でもなく、何らかの原因によって発生し、理屈の上ではある程度予測が可能なトレンドが存在していると考えられます。予測の余地があるという意味で、これを「**ランダムではないトレンド**」と呼びます。

　期待リターンを高めるうえで意味をもつのは、この「ランダムでないトレンド」だけです。

　効率的市場仮説から見てみると、情報が瞬時にあまねく伝わってしまえば、それはすぐに価格に織り込まれてしまい、その後でさらに価格を

動かしていく力をもたなくなってしまうことが明らかです。したがって「ランダムでないトレンド」を生み出すものは、**瞬時にあまねく伝達されることのない情報**ということになります。

つまり、相場の行方を左右する重大な情報が、すぐには伝わらずに徐々に時間をかけて伝わっていく過程で、初めてこうしたトレンドが生まれます。

この情報は、初めはごく少数の投資家にしか知られていません。それがほかの投資家に順次伝わっていき、それを知った投資家がやはり順次行動を起こすことによって、価格に持続的な圧力が加わるのです。

この持続的な圧力は、この情報を多数の投資家が共有するまで続きます。情報は、知らない人が大勢いるときのほうが強いインパクトをもたらします。やがて、多数の投資家がその情報を共有するようになっていくと、まだ知らない投資家に伝わるときのエネルギーやインパクトはがくんと落ちます。さらに、最初に情報を得た投資家は、多数に知れ渡ったことでその情報の意義は薄れたと考えるでしょうから、トレンドを生み出す力は急速に失われていきます。

つまり、ランダムでないトレンドが存在するのは、少数の投資家が占有していた重要な情報が多数の投資家に共有されるようになるまでの間です。

ここで重要になるのは、はたしてどんな情報がこうした性質をもっているのかということです。

● 経済指標にはランダムでないトレンドを生み出す力はない

それでは、ファンダメンタルズ分析で重視される各種の経済指標について見てみましょう。これらは、ランダムでないトレンドを生み出しうる情報でしょうか。

残念ながら、現在の整備された情報網の中では、こうした情報は、瞬

時にあまねくマーケットに伝わる情報の典型例です。

　経済指標を発表と同時に見て、その意味するところにしたがって行動を起こすということが投資家にとって常識になっているため、かなり多数の投資家が発表と同時に経済指標を知ることになります。

　もちろん、そうした経済指標が意味するところについても同じです。主要指標については、大勢のエコノミストから事前に予想値が発表されており、それについても多数の投資家が情報を共有しています。実際の指標が予想から乖離した場合でも、すぐさま多数のエコノミストがその実際の値がもつ意味についてコメントを出しますので、やはりそれは瞬時に知れ渡ります。

　確かに個人投資家に比べて、情報機器を揃えた機関投資家はより早く情報に接することになるでしょうが、マーケットがそうした情報を織り込むのは一瞬の出来事なので、その機会を上手くとらえて収益を上げることができる機関投資家もごくわずかです。

　つまり、発表された経済指標を後生大事に分析してみても、分析が終わった時点では、もうすでに相場は動いた後なのです。

●ゆっくりとしか伝わらない情報とは何か

　経済指標の分析が従来から意味がなかったわけではありません。ファンダメンタルズ分析の普及、情報システムの整備、そして多数のエコノミストの存在が、相場を動かす材料としての経済指標の意味を失わせたのです。もちろん、投資環境を理解するうえで、ファンダメンタルズへの理解が必要であることを否定はできません。しかし、それは土台に過ぎず、それ自体が投資収益を生むものではないということです。

　また、経済指標には評価が分かれるものがあります。たとえば、今まで景気回復が順調に進んでいたはずなのに、そうした認識に合わない指標が発表されたとき、一次的な要因なのか、それとも将来の景気鈍化を

ほのめかすものなのか見解が分かれ、それまでコンセンサスとされてきたものとは異なる新しい見解が生まれることがあります。こうしたことは、とくに先行系といわれる経済指標に起こります(注)。

見解が分かれるということは、結論を出すには材料が不足していることを意味しています。

人間には保守性という心理的傾向が備わっているため、とくに新しい観測については、十分な証拠がなければなかなか受け入れることができません。ですから、材料が不足していて、多数の投資家にとって結論を出すに至らない新しい観測は、ゆっくりとしか伝わらないのです。まさにこうした材料不足の新観測こそが、ランダムでないトレンドを生み出しうる情報です。

ただし、多数の投資家が結論を出すには至らない新観測のすべてが、ランダムでないトレンドを生み出すわけではありません。それらのうち、時間をかけて多数の支持を集めるようになるもののみがトレンドを生みます（図4-1）。

ここで大切なのは、そうした観測が現実のものとなるかどうかにかかわらず、多数の支持を集めうるかどうかで勝負が決まるということです。仮に、多数の支持を集めたにもかかわらずその観測が実現しなかったとすれば、その分相場の揺り戻しが起こることになりますが、とくに為替や株価の場合は、いったん大きく動いてしまった相場が完全に元に戻るとは限りませんし、戻るとしても大変な時間がかかるケースもあります。

(注) 経済指標には、経済状況の先行きを示唆する傾向が強いもの、ほぼ現状を表わしているとみられるもの、状況の変化を遅れて反映するものがあり、それぞれ先行系、一致系、遅行系と呼ばれます。内閣府が発表する景気動向指数（先行指数）の計算では、最終需要財在庫率指数（逆相関）、鉱工業生産財在庫率指数（逆相関）、新規求人数、実質機械受注、新設住宅着工床面積、耐久消費財出荷指数、消費者態度指数、日経商品指数、長短金利差、東証株価指数、投資環境指数、中小企業売上げ見通しDIの12指標が採用されています。

▶ **図4-1 情報の種類と情報コスト**

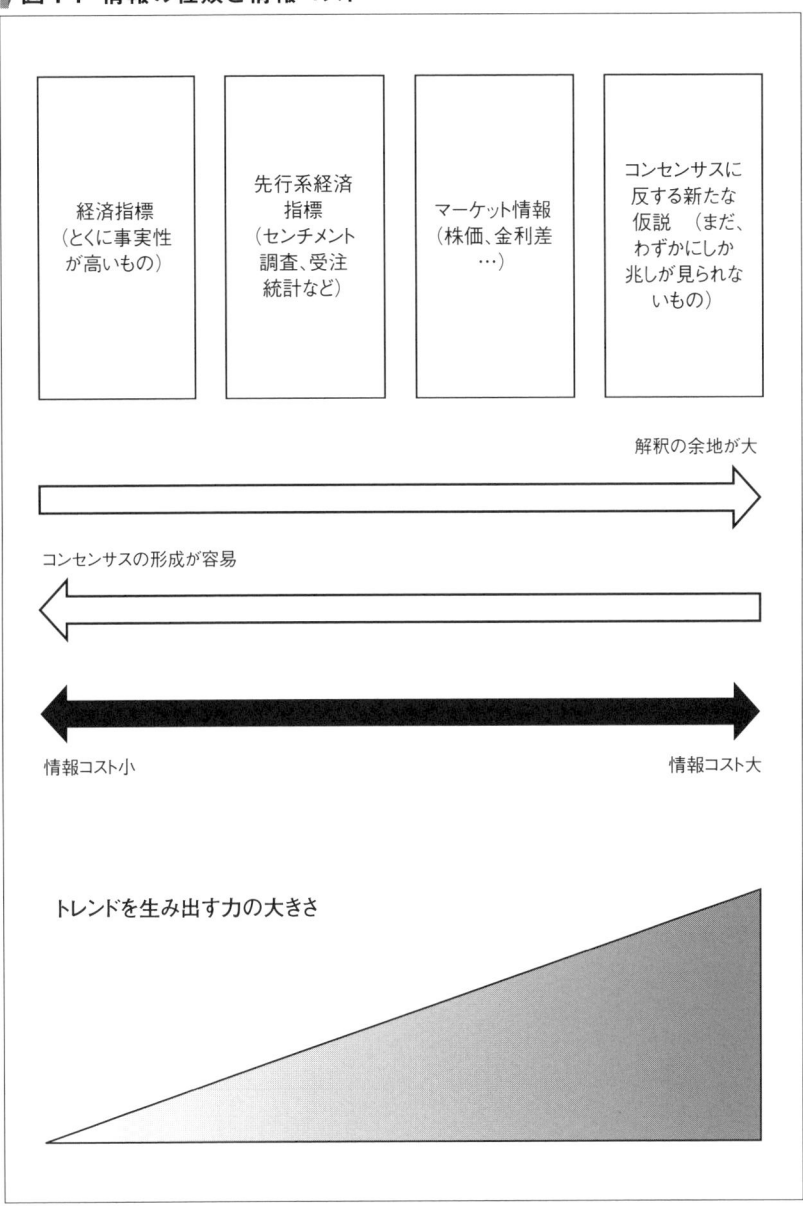

| 経済指標
（とくに事実性
が高いもの） | 先行系経済
指標
（センチメント
調査、受注
統計など） | マーケット情報
（株価、金利差
…） | コンセンサスに
反する新たな
仮説 （まだ、
わずかにしか
兆しが見られな
いもの） |

　　　　　　　　　　　　　　　　　　　　　　　解釈の余地が大
→

コンセンサスの形成が容易
←

情報コスト小　←――――――――――→　情報コスト大

トレンドを生み出す力の大きさ

● 現実の経済指標と相場の関係(1)

具体的な例として、まず米国の株式市場と、重要経済指標である雇用統計との関係を見てみましょう。

日本では失業率は遅行系列とされ、景気動向に遅れて動くものとされています。一方、景気の変化に合わせて機動的な雇用調整が行なわれる米国では、一致系列としての色彩が強くなっています。

とくに失業率と一緒に発表される雇用統計（Non-Farm Payroll）は、調査範囲が広く、しかも非常に速報性が高いため、マーケットでは大変重視されています。

図4-2は、米国の株価指数と雇用統計の関係を示したグラフです。

こうした指標とマーケットの動きを比較する際に重要な点は、たとえば何年何月分の指標といっても、それが利用可能になるのは公表された時点だということです。つまり、指標には発表のタイムラグがあり、その分を勘案しなければ意味がありません。このグラフではその点を調整してあります。ここであげた雇用統計は速報性が高いので、それほど大きなラグはありませんが、それ以外の速報性が劣る指標の場合はとくに注意が必要です。

さて、グラフを見ると、2004年1月発表（2003年12月分）の雇用統計はかなり弱い数字でしたが、株価はその前後で強い上昇基調を続けています。その後を追うように4月発表（3月分）の雇用統計は非常に強い数字になりましたが、すでに高値にあった株価はすでに下落基調に転じています。雇用統計はこの4月発表分をピークに減少傾向をたどることになるのですが、株価はそれを先取りする形でその約1ヶ月前から下落し始めているのです。この雇用統計の減少傾向が確認されるのは何ヶ月も後のことであるにもかかわらずにです。

また、8月発表の雇用統計はかなり弱い数字でしたが、その後株価は強い反発に転じています。そして9月にはやや好転した雇用統計が発表

▶ 図4-2 指標と相場のラグ

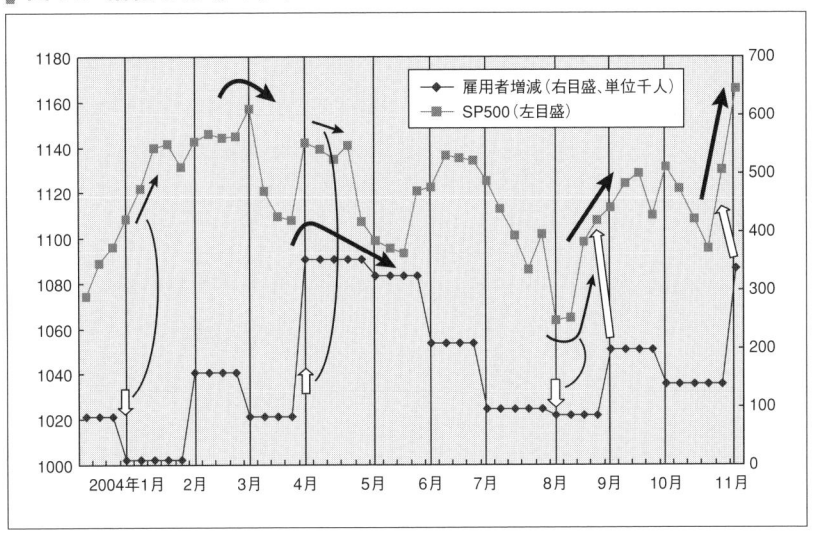

されることになりますが、株価はそれに先んじて上昇しています。さらに11月発表の雇用統計は非常に強いものとなりましたが、やはり株価はその少し前から急上昇しています。

　このように見ていくと、株価はまるで経済指標の先回りをして動いているように見えるのです。

　この例ではマーケットの予想能力は非常に高いものがありますが、こうした動きがいつも正しい方向に出るとは限りません。ただ、株価は経済指標が発表される前に動き出し、もしその先行的な動きが経済指標で追認されれば、その時点からすぐに次の動きを予想して織り込みにいくものだということはうかがえます。

　ですから、経済指標を見て行動を起こすのでは遅すぎることになります。さらに、経済指標通りに行動すれば、ときとしてマーケットの動きとは逆方向に行ってしまいがちになることも、このグラフからうかがうことができます。

一致系列の指標の中で最も速報性の高い雇用統計ですらこうなのですから、経済指標分析に基づいた投資というものがいかに難しいか、推して知るべしといえるでしょう。

● **現実の経済指標と相場の関係（2）**
　もう一つ、日本の株価と経済指標の関係も見てみましょう。
　図4-3のグラフは東証株価指数と、景気動向一致指数（コンポジット）の推移を示したものです。
　これを見ると、株価の変動には景気の実態とはあまり関係のない上下動が多く出ていますが、大きなトレンドやその転換に関しては一致指数よりもかなり先行して動いていることがわかります。過去20年間で唯一の例外は2002～2003年の一致指数の回復に比べて、株価の反発が遅れたところくらいしかありません。
　株価と一致指数の関係を見ると、株価がかなり先行した動きを見せるということだけは明確ですが、それぞれの形は似ていませんし、山と谷のタイミングもバラバラでずれっぱなしになっています。景気動向一致指数にしたがって投資をしていくと、かなり悲惨な結果になることが予想されます。
　相場というのは、波のようなうねりをつくりながら変動していくものです。一致系指標を重視する投資家でも、それだけで投資態度を決めているわけではないでしょうが、一致系指標にしたがって行動を起こし、そこでいったん出遅れてしまうと、相場の波にリズムが合わなくなってしまいがちです。その結果、投資行動が常に裏目に出てしまうことにもなりかねません。
　実際に、いつも裏目に出てしまう投資家は意外と多くいるもので、マーケットではネガティブ・インディケーターと呼ばれています。
　相場の波も結局は投資家心理のリズムによってつくられているとすれ

図4-3 景気動向一致指数と東証株価指数

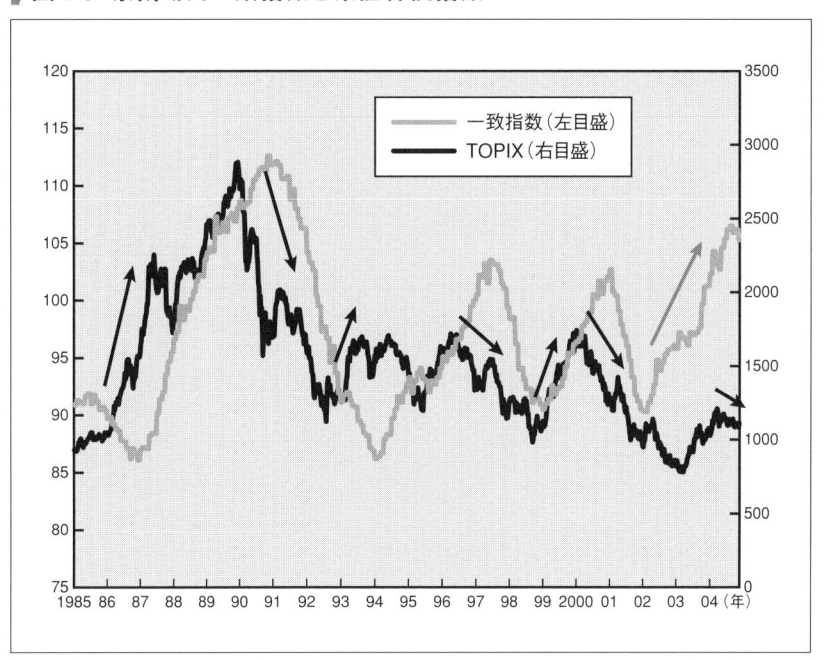

ば、いったんそれに乗り遅れてしまった投資家の心理的リズムは、相場全体のリズムとはずれっぱなしになってしまい、追いつくことが難しくなるのかもしれません。

ファンダメンタルズ分析、とくに景気の現状分析に重きを置く傾向が強い投資家は、こうして相場の波に乗り遅れる可能性が高くなる危険があるといえます。

次に、先行指数(注)と比較してみましょう（**図4-4**）。

総じて先行指数は株価と似た動きをしています。一致指数と比べるとその差は歴然です。これは、経済指標の中でも先行系の指標がとくに大きな意味をもつことを示唆しています。しかし、一致指数ほどではありませんが、先行指数も、実際には株価より遅れて動くことが多くなって

▶図4-4 先行指数と東証株価指数

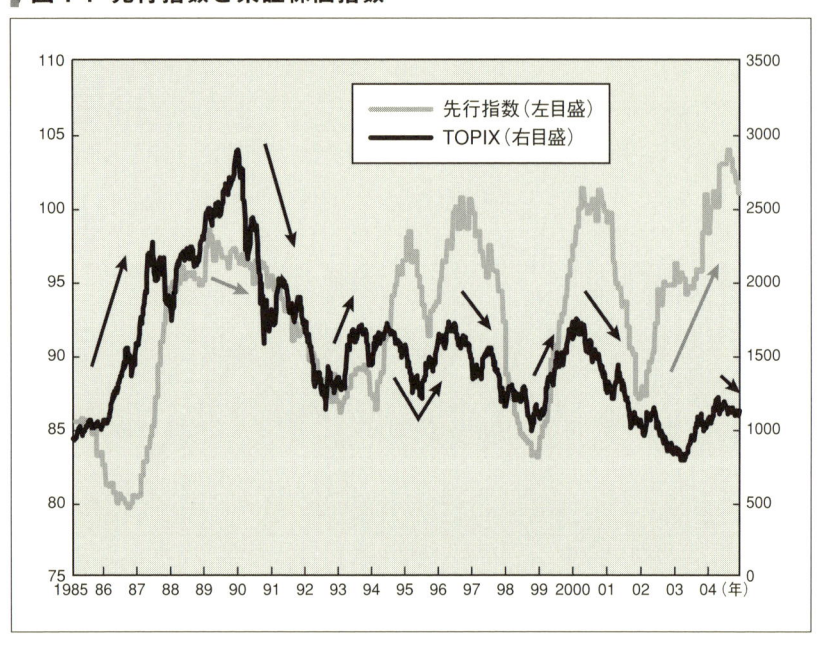

いるのです。

　実際の関係を見ていくと、1987年に先行指数が急回復するに先立って、株価はその前年あたりから急激に上昇しています。その後のピークに関しては先行指数のほうが1年程度先行していますが、1990年以降の株価の急落はその後の先行指数のさらなる急落を示唆する形になっています。その後も株価は先行指数に数ヶ月から1年程度先んじて動いているように見えます。ただ、2002年以降は先行指数は回復していますが、株価の反発は2003年以降とやや出遅れています。

　過去20年間で、株価が先行指数に出遅れたのは1989〜1990年と、2002〜2003年の2回だけです。前者は過度に楽観的なムードがマーケットを支配し、後者は過度に悲観的なムードが強かった時期です。いずれも"行き過ぎ"状態が発生して、マーケットの将来予測能力が失われ

た時期といえます。

　いずれにしても、こうしたごく一部の例外を除いて、株価は先行指数と比べてより早く動くことがわかります。景気動向指数は他の指標を集計してつくられるため、調査時と発表までのタイムラグが大きくなりますが、株価の先行性はそのタイムラグよりもかなり大きいように思われます。

　これは、先行指標を重視しさえすればいいのではなく、ファンダメンタルズ分析からさらに一歩踏み込んだ将来予測手法が必要であることを示唆しています。

　もちろん、ファンダメンタルズ分析はただ単に経済指標を分析して現状を確認するものではなく、あくまでも将来を予測するためのものであるという反論もあるでしょう。それこそがファンダメンタルズ派のレゾンデートル（存在理由）ともいえます。

　しかし、ここで新たな問題が発生します。**人間の能力は、事実分析を超えて将来を予測することには必ずしも適していない**、ということです。将来予測のためのファンダメンタルズ分析をうたいながら、実質的には事実分析に終始してしまうことが多いのです。

　これは、将来予測は事実分析から自然に導き出されるものではなく、さらにいえば事実分析とはまったく性質が異なる作業であるということを背景にしています。

　　（注）東証株価指数は先行指数を構成する12の指標の1つですので、先行指数には一部株価の動きが反映されています。

●人間は将来予測が苦手

　人間が将来予測を行なう際の一般的な傾向として、現状追認的な保守性が顕著に見られます。この性質は、将来予測において、現状からあま

り乖離した予測をしにくいという傾向を生みます。

　つまり将来予測といっても、将来の姿を現状と非常に近い形か、せいぜい過去から現在までのトレンドの延長線上でとらえがちなのです。私はこれを"予測の線形性"と呼んでいます。

　エコノミストの予測などにもそれは反映されています。エコノミストの将来予測を集計して平均をとると、現状からの乖離幅は非常に小さくなる傾向があります。ところが現実は、そうしたエコノミストの予想よりもはるかに大きく、ダイナミックに変化していくことがほとんどです。

　つまり、経済指標を分析して将来予測をたてるといっても、そう簡単なものではありません。そうした考え方は、予測の線形性を強めてしまう作用をもっているからです。

　したがって、有効な将来予測をするには、やはり事実分析とは独立して、将来予測のための特別な分析手法が必要になるという考え方が浮上してきます。この手法については次章で触れることにします。

● エコノミスト的スタンスとファンダメンタルズの罠

　ここまでの議論から、杓子定規で教科書的なファンダメンタルズ分析は、投資で収益を上げるという目的に照らすとほとんど何の意味もなく、ときとしてマイナスの効果しか生まないという恐るべき結論が導かれます。これが「ファンダメンタルズの罠」にほかなりません。

　この罠のさらに恐るべきところは、経済学の正統的知識を豊富にもち、高い分析能力をもった人ほど陥りやすいという点にあります。そうした人たちは、マーケットの視点で見るよりも、あくまでも経済学的観点からものを見る傾向があります。

　たとえば、典型的なエコノミストが最も重視する経済指標として、GDP統計があります。GDP統計は生産、投資、消費、貿易など経済の全側面が考慮されて計算される指標であり、最も包括性が高いものとい

えます。エコノミスト的立場からいえば、最も完成度の高い情報です。

　しかし実践的投資家からすれば、GDP統計はあまり意味をもちません。いかに完成度が高くとも、それは過去の数字だからです。もちろん、予想とかなり違っていた場合は相場を大きく動かすこともありますが、それが持続的な動きになることは希です。GDP統計は、発表されるまでの間にかなりのタイムラグがあります。一次速報でも、4半期が終わって1ヶ月以上たってから発表されます。つまり、4ヶ月以上前から1ヶ月以上前までの情報であり、そこから新しい将来の観測を引き出すことは至難の業です。

　一方で、典型的なエコノミストは先行指標をあまり重視しません。受注動向やセンチメント調査など、先行指標とされるものの多くは数字のブレが大きく、解釈が困難です。しかし、実践的投資家からすれば、そうした解釈の余地がある先行系の指標こそ、重要な意味のある指標となります。

　前述した米国雇用統計に関しては、雇用情勢自体は（米国においては）一致係数であり、実際には数字のブレも大きいのですが、前月の調査結果が翌月第1金曜日に発表されるという速報性のために、将来の観測につながる重要な指標となっています。

　ただし、先行系の指標や速報性が高い指標に注目するだけでは十分でないことは先ほどの例からもうかがえます。そうした指標にわずかにしか現われていない兆しをもとに、大胆なシナリオを描いていく力が必要となってくるのです。

　ファンダメンタルズ分析の意義は否定されるべきものではありませんし、実際に投資に有効なファンダメンタルズ分析も確かに存在しています。しかし、過去の経済指標に基づいて経済の現況を正確に把握し、それをもとに投資戦略を立てるという意味での"正統的"ファンダメンタルズ分析ならば、実践的投資家にとっての意味は薄れます。

投資に有効なファンダメンタルズ分析に関しては第6章で詳述しますが、これはまさに"言うは易く行なうは難し"で、実践できている投資家は非常に少ないと思われます。ですから、少し乱暴な言い方になりますが、「ファンダメンタルズ分析はまったく当てにはならない」くらいに考えておいたほうが"ファンダメンタルズ分析の罠"に陥らずにすむかもしれません。

●コンセンサスの誤謬(1)～マーケットコンセンサスの意味
　ファンダメンタルズ分析の罠には、もう一つの重要な原則が背後に隠されています。それは、コンセンサスと呼ばれるものの役割です。

　コンセンサスは事実性が強いものほど容易に得られ、材料不足のものほど得るのが難しくなります。したがって、事実分析に近いファンダメンタルズ分析はコンセンサスが得られやすいという傾向があります。これが、ファンダメンタルズ分析の罠が非常に陥りやすいものとなっている大きな理由の一つです。では、投資におけるコンセンサスの意味とは何でしょうか。

　コンセンサスは多数派意見です。これには"マーケットのコンセンサス"と、機関投資家などの"運用組織内のコンセンサス"の二つがあります。

　まず、マーケットのコンセンサスについて見てみましょう。これは、ランダムでないトレンドがどう形成されるかを考えれば一目瞭然です。コンセンサスは、マーケットにおいて多数の支持を得ている意見であるがゆえに、もはや相場を動かすエネルギーにはなりえないのです。

　コンセンサスには、辛うじて多数の支持を集めている"若い"コンセンサスと、圧倒的多数に認知されている"老いた"コンセンサスがあります。若いコンセンサスはまだわずかに相場を動かすエネルギーをもっているかもしれませんが、老いたコンセンサスともなれば、そうしたエ

ネルギーは枯れ果ててしまっているでしょう。

　相場にはランダムな変動がつきものですから、コンセンサスにしたがって取引をしても必ず損が出るわけではなく、あくまでも勝ったり負けたりします。また、時間的に見れば、一つのコンセンサスは比較的長く維持され、必ずしもすぐにコンセンサスに反する動きが出てくるわけではありません。ただし、コンセンサスには相場を動かすエネルギーがほとんどありませんから、それによって大きく利益を期待することはできません。つまり、コンセンサスにしたがった投資は、たとえ勝ったとしても少しずつしか勝てないのです。

　一方で、コンセンサスに反する新しい流れが出てきたときはどうでしょうか。相場が強く、速く動くのはそういうときです。いままでのコンセンサスに反する見解が支持を拡大していくときにこそ、新しいトレンドが生まれ、今までのコンセンサスが強いものであればあるほど反動は大きくなります。

　コンセンサスにしたがった投資は、そうしたマーケットの急変動時に大きな損失を出す運命をもっています。そうした局面では相場の変動は速く大きくなりますから、それまで長い時間をかけてこつこつ積み上げてきた収益を一気に吹き飛ばしてしまう可能性があります。

　ここでも、「少しずつ勝って大きく負けてしまう」という傾向が生まれるのです。このようなマーケットにおけるコンセンサスの振る舞いもまた、マーケットの経験知としては昔から知られていました。全国紙や有名な経済誌などに特集記事が載るようになったら、すでにその情報の賞味期限は切れたとみなす投資家も多くいます。

　こうしたコンセンサスの誤謬は広く知られているにもかかわらず、しかし実際には、多くの投資家が陥る落とし穴でもあります。投資においては、頭でわかっていることと、実際にやることが違うのです。

　ここでもまた人間心理の特定の偏りが見られます。コンセンサスにし

たがうことは人間にとって心地よく、投資に伴う精神的負担を和らげてくれる効果があります。それが多くの投資家をコンセンサスの誤謬に誘い込むことになります。

● コンセンサスの誤謬(2)〜コンセンサス運用の危険

次に、運用組織内のコンセンサスにも触れてみましょう。

特定の組織、とくにその組織の構成員の知識レベルが市場平均よりも優れていると考えられる組織の場合、そこで形成されるコンセンサスはマーケットのコンセンサスよりも優れたものになるという考え方もあるでしょう。しかし、そうした考え方こそがコンセンサスの誤謬を一層深めてしまう結果になりやすいのです。

マーケットというのは懐の深いものであり、自分たちは優れていると安易に思い込むことはあまりいい結果につながりません。「平均より優れている」ということはマーケットではあまり意味をもちません。それよりも、「上には上がいる」という認識のほうがずっと大切です。

また、ある組織内のコンセンサスがマーケットのコンセンサスから独立したものになること自体が、非常に難しいことです。

たとえば、マーケットで70％の支持を集めている見解があるとしましょう。マーケットからランダムに3人選抜して、その多数（2人以上）の意見をそのグループのコンセンサスとします。その場合、グループのコンセンサスがマーケットのコンセンサスに一致する確率は、単純に計算すると78.4％になります。5人選抜した場合には、一致する確率は83.7％にまで高まります。

たとえ小人数のグループでも、そこで得られたコンセンサスは全体のコンセンサスに非常に近くなるのです。

これはグループのメンバーをランダムに選んだ場合で、特定の組織の場合にもそのまま当てはまるわけではありません。しかし、マーケット

の参加者はだいたい同じような新聞やレポートを読み、同じようなニュースを見聞きしています。ランダムにメンバーを選んだ場合と結果が大きく異なると考える根拠はあまりありません。

　もっとも、非常に特殊な性格をもった人たちが集まった組織ならば、マーケットのコンセンサスとは違ったユニークな結論を導くこともあるいは可能でしょう。しかし、ユニークであればいいわけではありません。ユニークな見解がやがて多数派に受け入れられることが必要なのです。結局、あまりに浮世離れしたメンバーが集まっても、投資に有効なコンセンサスは期待できないでしょう。

　このように見ていくと、組織内のコンセンサスであっても、コンセンサスの誤謬から逃れることは至難の業ということになります。

● 通説のパラドックス

　原理的にはコンセンサスの誤謬と同じですが、マーケットでは支持の高い通説ほど有効性が失われていくという性質があります。

　投資における「必勝法」というものは、たとえそれが最初は実在したとしても、多くの投資家に伝授された時点で有効性を失います。そうした意味で、万人に適用できる必勝法は存在しないことになります。

　「教科書」というものも同じです。教科書となるためには、それなりに多数の人から認められる必要がありますが、そうなると逆に、実際の投資にはあまり有効でなくなってしまうという運命にあります。それは教科書がいかに理論的に正しくとも起こってしまう宿命なのです。

　経済指標を分析して投資戦略を立てるという正統的ファンダメンタルズ分析が有効性をなくしてしまったのも、こうした手法が教科書として確立されてしまったからです。

　投資は、多くの人の知的好奇心を引きつけてやまない性質をもっているために、多くの投資家は大変勉強熱心です。その投資家の勤勉さが、

一つの投資理論や必勝法を瞬く間に広めてしまい、無効にしてしまうのです。

そういうマーケットにおいて生き残るのは、いつの時代も変わることがないマーケットの基本構造や原則です。そうしたものは必ずしも個別の事象に対する明快な答えを導いてくれないので、必勝法を求める投資家にはなかなか満足できないものかもしれません。

しかし、通説のパラドックスがあるがゆえに、安易に必勝法を求めるのではなく、マーケットの基本構造をしっかりと理解し、原則を踏まえたうえで、あとは臨機応変に対応していくしか方法はありません。

テクニカル分析の罠

● テクニカル分析

テクニカル分析またはチャート分析は、過去の相場の動きをグラフ化したり、あるいは決められた計算式で特定の指数を計算したりして、それをもとに相場の先行きを予測しようとする手法です。ファンダメンタルズ分析が機関投資家におなじみのものであるのに対して、個人投資家にとってよりなじみがあるのはこちらのほうでしょう。

テクニカル分析には無数のやり方がありますが、大雑把にいえば、以下のような種類に分けられます。

まず、トレンドの継続性を測るタイプです。最も簡単で一般的なものとしては移動平均があげられます。移動平均は、たとえば25日移動平均といえば、今日現在の値も含めて過去25日分の終値を単純平均します。これを過去にさかのぼって計算し、グラフ表示をします。

通常、期間の短い移動平均と期間の長い移動平均の2種類を計算し、短いほうが長いほうを上回っていれば相場は上昇トレンドにあるという

ふうに判断します。

　ほかに株式投資で一般的な一目均衡表や、時間的要素を一切省いて値動きだけを追うポイント・アンド・フィギュアなどがあります。

　次に、トレンドの強さ、あるいは相場の行き過ぎ度合いを測るタイプがあります。トレンドの強さはモーメンタムと呼ばれ、さまざまな計算方法があります。先ほどの移動平均でも、「短期の移動平均－長期の移動平均」を計算すれば、モーメンタムを判定する値が得られます。他によく使われるものとしては、ストキャスティック、RSI（相対強度指数）等があります。これらのモーメンタムを表わす指数はオシレーターとも呼ばれます。

　オシレーターが一定水準以上に上昇すれば相場は上がりすぎと判断する、というような使い方が一般的です。少し毛色が違いますが、相場の変動幅をあらかじめ想定して、その幅を上回って変動すれば行き過ぎだと判定するボリンジャーバンドのようなものもあります。

　また、日柄や値幅を分析するタイプがあります。日柄とは、直近で高値や安値をつけてトレンドが転換してから、何日経過すると再びトレンドが転換しやすいかということを分析するものです。相場が波のようなサイクルを描いて変動するものであることを踏まえ、そこから法則性を見出して予測に役立てようとします。

　値幅分析は、上昇相場の値幅の半分下落したら再び上昇トレンドに転換しやすいというように、トレンドの変動幅によって将来を予測しようというものです。半値戻しやフィボナッチレシオが有名です。

　さらに、相場のパターンや形状に注目するタイプがあります。パターン分析では、相場の動きを図形的にとらえ、特定のパターンが出れば相場が反転すると見ます。エリオットウェーブでは、相場そのものを波動としてとらえ、その波動が一定の形をつくっていくものと考えます。

　ほかにも売買高を加味したものなど、さまざまな手法が存在します。

● テクニカル分析の背景にある考え方とその有効性

　テクニカル（チャート）分析の有効性に関して、マーケットでは見解が分かれています。一方、アカデミックの世界では、テクニカル分析を肯定する見方はほとんどありません。

　テクニカル分析は、以下のような基本的な考え方によって成り立っています。

① ファンダメンタルズの変化も、投資家のセンチメントの変化も、あるいは需給の変化も、すべては相場に織り込まれるため、相場そのものがすべての情報を包含したものである。

② 価格変動には特定のパターンがあり、そしてそれは繰り返される。

③ 数字というものには、科学ではとらえられない何がしかの秩序があり、それは相場の変動にも現われる。

　①の考え方については、妥当なものといえるでしょう。この点については、また後ほど述べることにします。

　②に関しては、物理学におけるフラクタルという考え方があります。フラクタルとは、ある現象を大きなスケールで眺めても、一部分を取り出して小さなスケールで眺めても、同じように見える性質をいいます。典型例として、海岸線がこのフラクタル性をもっているといわれます。

　カオス的性質をもつものはフラクタル性をもつということになっていますので、相場がカオスであれば、ここにもフラクタル性を見出すことができるというのが、相場におけるフラクタル理論です。

　確かに、相場はフラクタルとみなせるような動きを見せることがしばしばあります。ただ、だからといってそれは、相場の変動パターンが毎回正確に再現されるということを意味しているわけではありません。大雑把にいえば似たような形にはなっても、それを予測に使用できるほどには再現性は高くありません。

　③の神秘的な「数的秩序」という考え方は、古代ギリシャ以前から見

られる古い考え方です。有名なピタゴラスは、「万物は数である」として、こうした数的秩序こそが宇宙の根本原理だと考えました。

実際に数字には、フィボナッチ数列や黄金率などの、いかにも意味ありげな神秘的な性質が備わっています。しかし、これはあくまでも神秘であって、それを何らかの法則にすることはできません。

● **ランダムウォークに現われるチャート・パターン**

さて、図4-5のグラフを見てください。

いかにも意味ありげな動きをしていますが、これは第2章でご紹介したのと同じ、コンピューター上でランダムな動きをシミュレーションして得られたものです。

ここでは、上昇トレンドらしきものが明確に見られます。しかし、これはあくまでもランダムウォークの結果たまたまトレンドらしきものが

▶ **図4-5　トレンド項のないランダム相場**

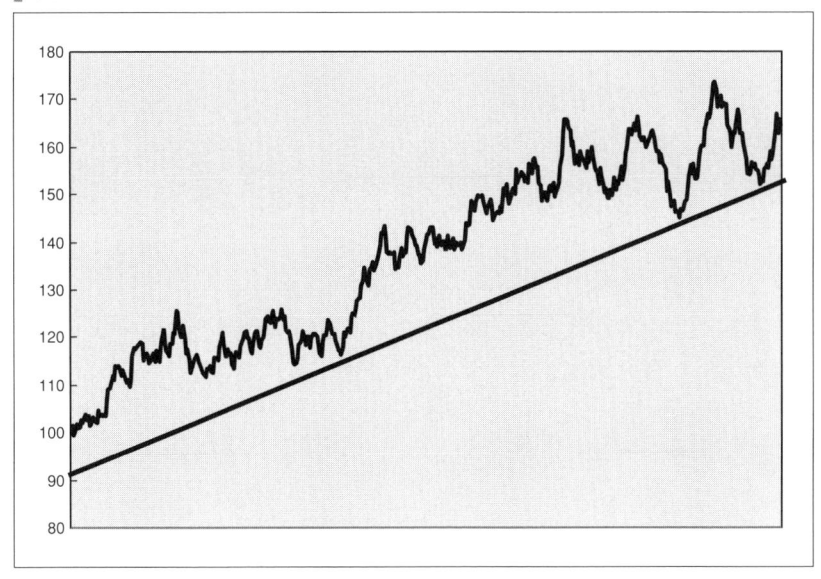

▶ **図4-6 上昇トレンド項を加えたランダム相場**

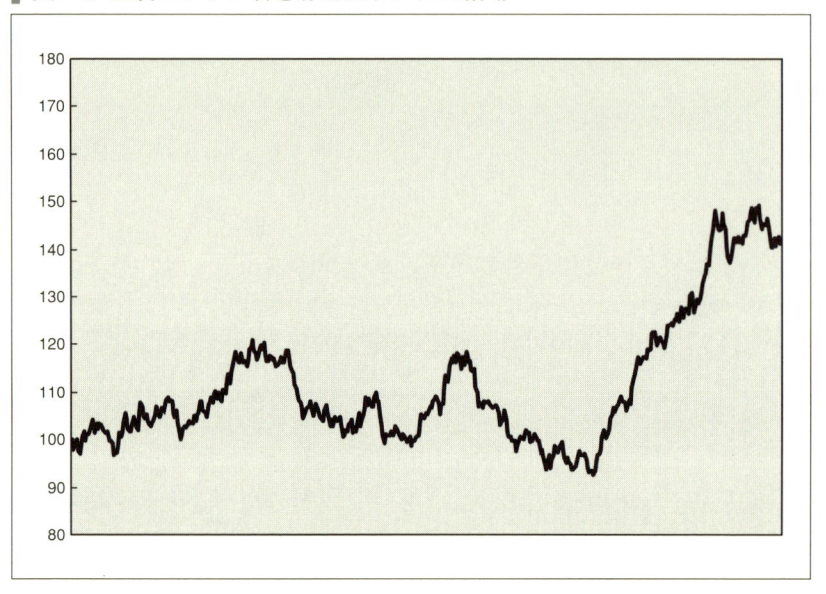

生まれただけであり、そうなるべくしてなったわけではありません。つまり、これは予測が不可能な「トレンドまがい」のものなのです。

それでは予測が可能な「ランダムではないトレンド」とこの「トレンドまがい」とを外見上区別することはできるのでしょうか。

図4-6のグラフは、最初はトレンドが確認できず、最後のほうになってようやく上昇に転じています。このグラフも乱数を使ったシミュレーションで作成したものですが、ここには上昇トレンド項を加えています。つまり、乱数の部分の運動が中立的であれば、このグラフは右肩上がりになるように設計されています。この上昇トレンド項が、「ランダムでないトレンド」を生み出す圧力を仮想したものです。

ところが、ランダムな動きに撹乱されて、この「ランダムでないトレンド」は必ずしも明確なトレンドを形成していません。図4-5の何の調整もしていないランダム・シミュレーションのほうが、はるかに「ラン

▶図4-7 上昇トレンドに見えるランダム相場

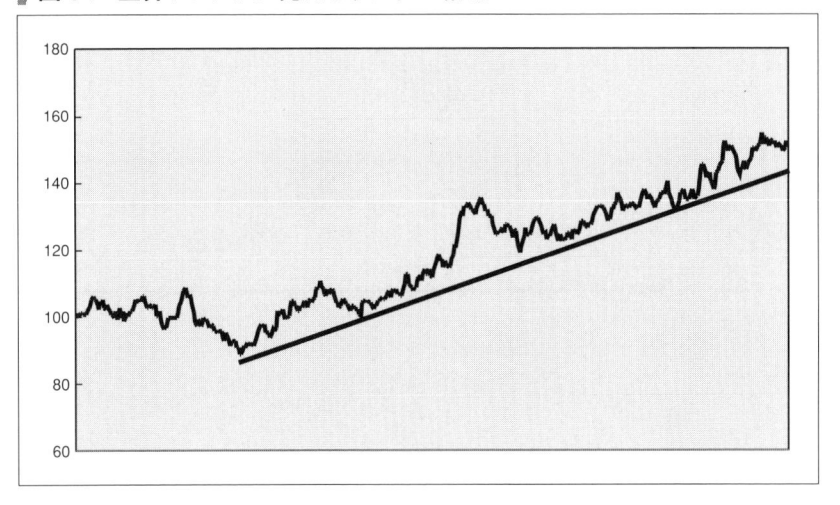

ダムでないトレンド」らしく見えるのです。

　このことは、「ランダムでないトレンド」を探り当てるうえで、必ずしもテクニカル分析が有効でないことを示しています。

　人間には、ランダムな動きの中にも何らかのパターンや法則を見出そうとする傾向があることは前に述べました。マーケットの大部分がランダムな動きで構成されているとすれば、テクニカル分析は、そのランダムな動きの中に勝手に法則を見出そうとすることになりがちです。それこそが"テクニカル分析の罠"にほかなりません。

　ほかにもいくつか見てみましょう。

　図4-7のグラフでは、途中から非常にはっきりした上昇トレンドが発生し、トレンドラインがしっかりとサポートされているように見えます。図4-8のグラフでは、下落トレンド、上昇トレンド、下落トレンドが交互に訪れているように見えます。図4-9のグラフでは、図4-8のグラフとよく似ていますが、下降トレンドへの転換サインとして知られるヘッド・アンド・ショルダーらしきパターンが見え、その後で相場が下落ト

▶図4-8 トレンドが反転しているように見えるランダム相場

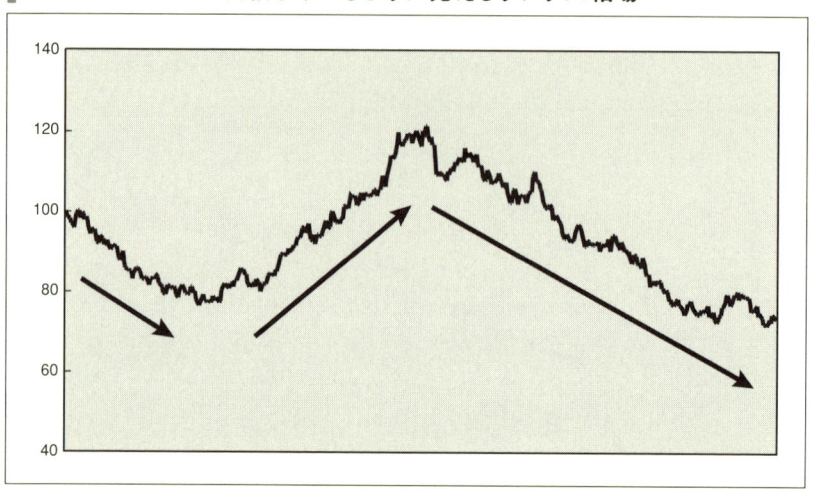

▶図4-9 ヘッド・アンド・ショルダーに見えるランダム相場

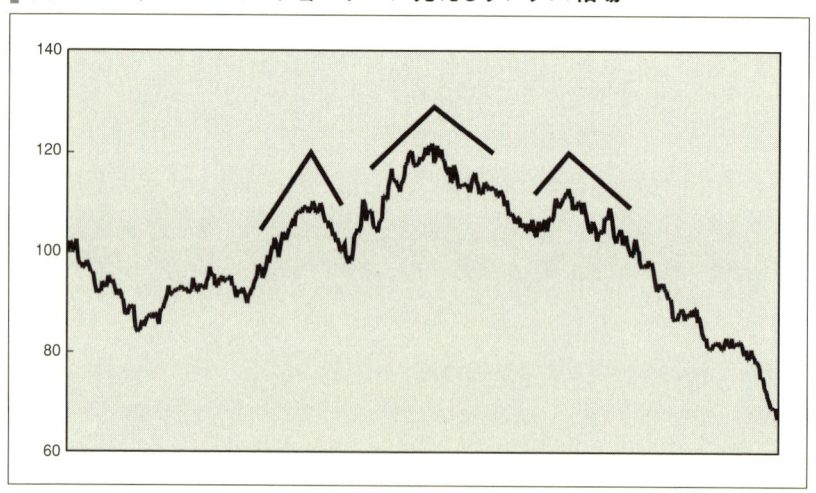

レンドに移行したように見えます。

　また、**図4-10**のグラフでは、同じレベルで頭が抑えられ、これも下降トレンドへの転換サインとして知られるダブル・トップの形を形成し

▶図4-10　ダブル・トップに見えるランダム相場

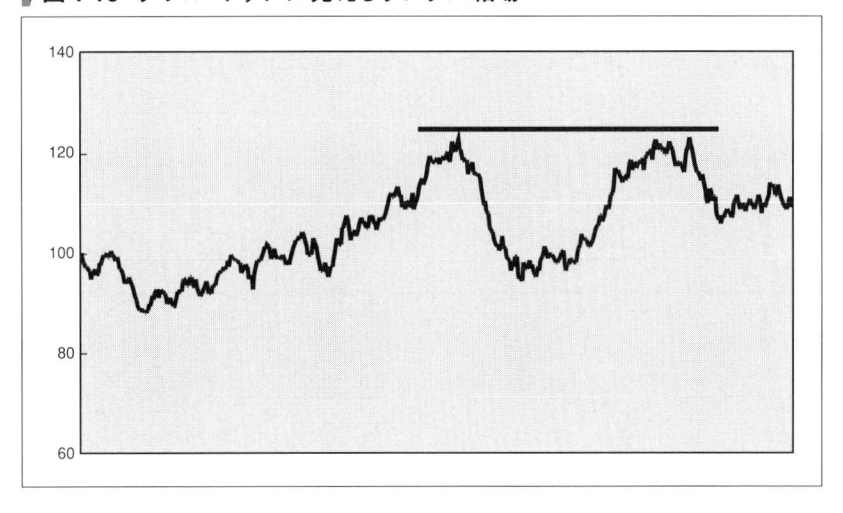

ているように見えます。

　しかし、いずれも何の調整も加えていないランダムなシミュレーションから生まれたものです。ランダムなシミュレーションから形成される仮想相場では、もちろんトレンドやパターンが見出せないものもありますが、むしろトレンドらしきもの、パターンらしきものが含まれていることのほうが多く見られます。ランダムな動きは、人間の目にはあまり"ランダムらしく"見えないのです。

　もっとも、これらは状況証拠でしかありません。テクニカル分析が有効であると証明できないのと同じくらい、テクニカル分析が無効であると証明することもできません。ただ、こうした状況証拠からは、"それらしい"パターンは、ランダムな動きからでも十分に生まれうるということだけはいえます。

　それは数字に隠された神秘的な力によるものであると主張することも不可能ではありません。ただ、ランダムシミュレーションにおいては、どんなパターンも同一の確率をもって発生します。ですから、ランダム

図4-11 代表的なチャート・パターン

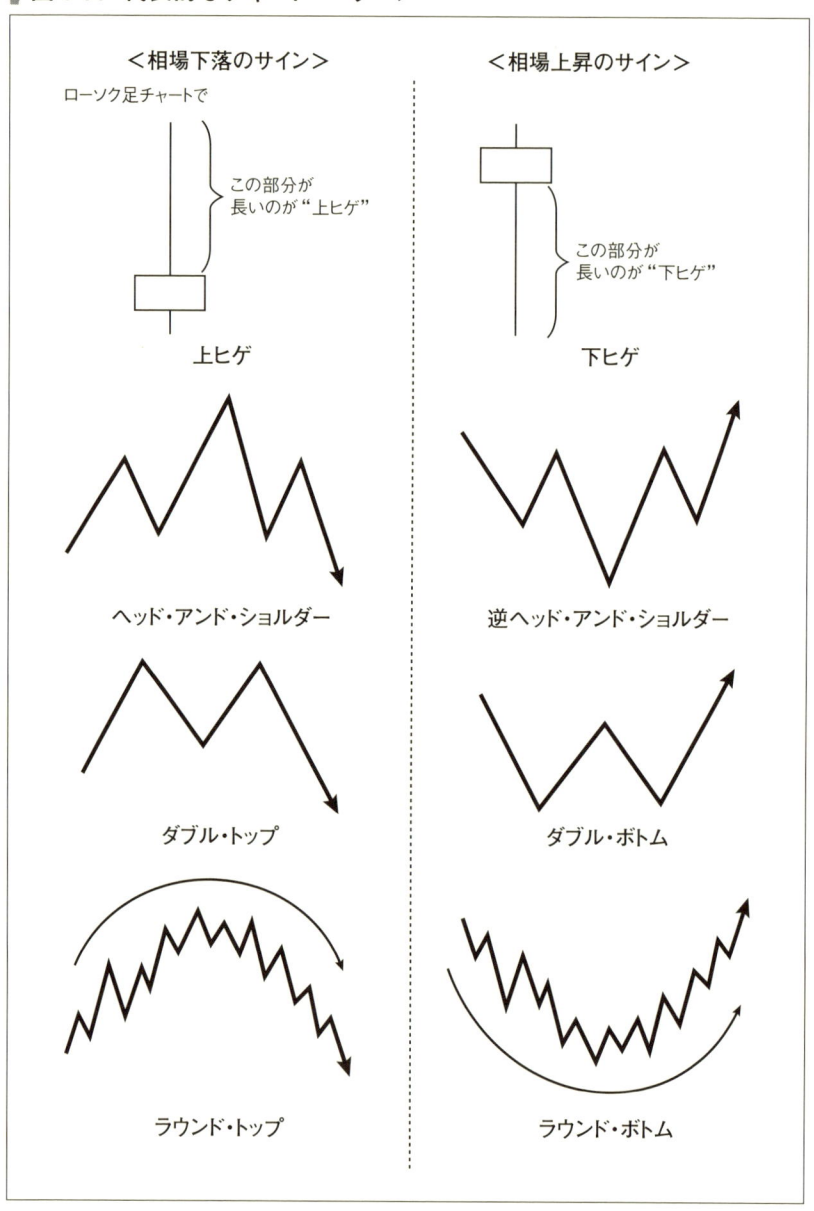

＜相場下落のサイン＞

ローソク足チャートで、この部分が長いのが"上ヒゲ"

上ヒゲ

ヘッド・アンド・ショルダー

ダブル・トップ

ラウンド・トップ

＜相場上昇のサイン＞

この部分が長いのが"下ヒゲ"

下ヒゲ

逆ヘッド・アンド・ショルダー

ダブル・ボトム

ラウンド・ボトム

な動きの中に現われた"秩序のようなもの"を法則として扱うことは不可能です。ランダムな変動は基本的に予測不可能であり、いかにそれらしいパターンが出たとしても、それを予測のツールとして使うことはできないのです。

● チャート・パターンの有効性

今度は実際の相場を見てみましょう。

図4-11はトレンド転換の際に現われる代表的なチャート・パターンを示しています。

たとえば、ローソク足チャートで現われる"下ヒゲ""上ヒゲ"は、トレンドの転換を示唆するといわれます。確かに図4-12のグラフでは、トレンドが転換するところで"下ヒゲ"が出ているのがわかります。一見すると、「"下ヒゲ"が出れば上昇トレンドに転換」といっていいように思われます。

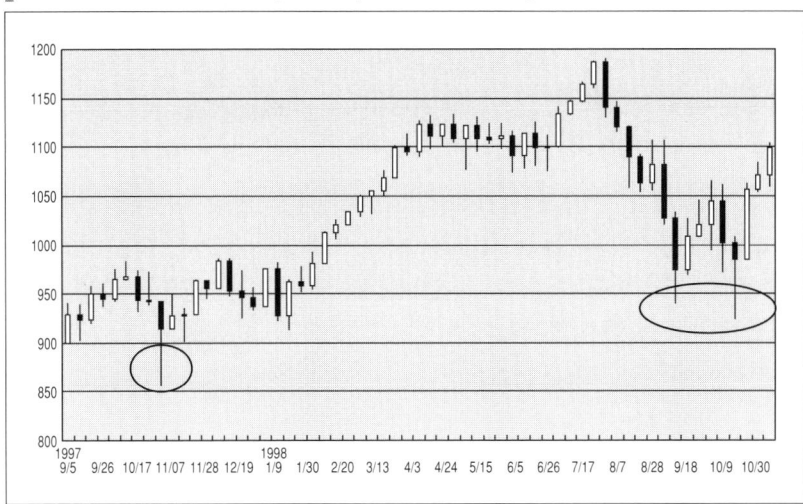

▶ 図4-12 米国株価指数（SP500）に見る下ヒゲ①

▶図4-13 米国株価指数(SP500)に見る下ヒゲ②

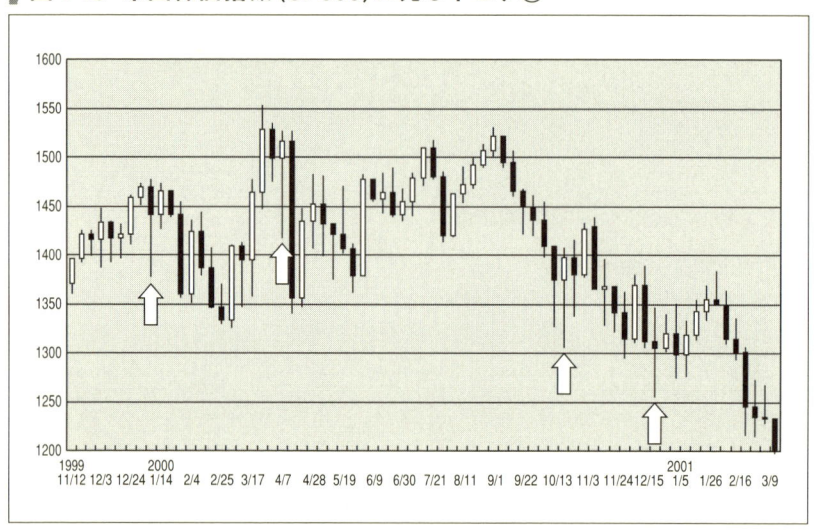

▶図4-14 日経平均に見るヘッド・アンド・ショルダー①

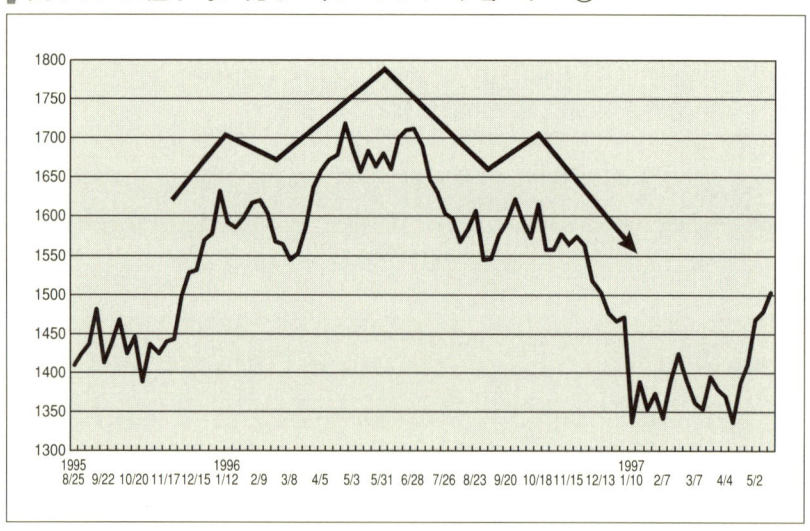

　しかし、他の局面にも目を向けてみましょう（図4-13）。そうすると、"下ヒゲ"が現われるのはなにもその後に上昇トレンドが出てくるとこ

図4-15 日経平均に見るヘッド・アンド・ショルダー②

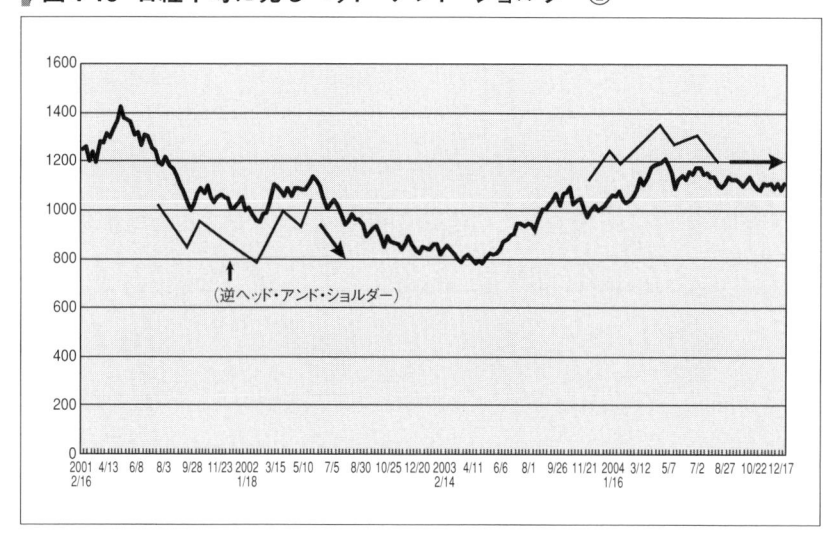

(逆ヘッド・アンド・ショルダー)

ろだけとは限りません。

つまり、「上昇トレンドに転換するときに"下ヒゲ"が現われやすい」とはいえても、「"下ヒゲ"が現われると上昇トレンドになる」とはいえないことがわかります。これは"上ヒゲ"についてもいえることです。

図4-14のグラフでは、ヘッド・アンド・ショルダーが現われて、その後、下落トレンドが発生しています。「ヘッド・アンド・ショルダーは下落トレンドへの転換を示す」という理論通りの結果です。しかし、図4-15のグラフではどうでしょうか。

ここでは、ヘッド・アンド・ショルダーと逆ヘッド・アンド・ショルダーが現われているにもかかわらず、それに続くとされる下落トレンドおよび上昇トレンドは発生していません。

さまざまなマーケットで長期間のデータを観測していくと、一般に相場反転を示唆するとされるチャート・パターンの予想的中率は、必ずしも高くはないことがわかります。

トレンドが何らかの理由で反転するとき、トレンド継続派の投資家と反転派の投資家が入り交じって相場は乱高下し、相場はもみ合いながら反転しますので、ヘッド・アンド・ショルダーやラウンド・ボトムなどのパターンを描きやすくなります。
　しかしそれは、「トレンドが反転するときには、そうしたパターンが現われやすい」ことを意味しているのであって、「そうしたパターンが現われるとトレンドが反転する」を意味してはいないのです。

● チャートに現われる印は原因ではなく結果

　もう一つ、同様の例を見てみましょう。
　テクニカル分析では、このポイントを下回ると新たなトレンド入りといわれるようなチャート・ポイントがあります。
　最も簡単なチャート・ポイントとして、「前回の安値を下回れば（高値を上回れば）下落トレンド（上昇トレンド）入り」というものがあります。
　図4-16のグラフを見てみると、前回の安値を下回って「下落トレンド入りした」と思われたびに、相場は反発に転じています。ただし、全体的に見れば相場は緩やかな下落トレンドにあったとみなすことはできます。これは何を意味しているのでしょうか。
　チャート・ポイントを突破したことが新しいトレンド入りを意味すると結論づけることは難しく、実際の投資に役立つようにも見えません。一方、何らかの原因でダウントレンドが発生していると考えてみましょう。そのトレンドが継続する限り、いずれチャート・ポイントは突破されます。
　このことは「トレンドが続いていると、チャート・ポイントが破られる」という単純な事実を示唆しているのであって、その逆である「チャート・ポイントが破られるとトレンドが発生する」ということが成り立

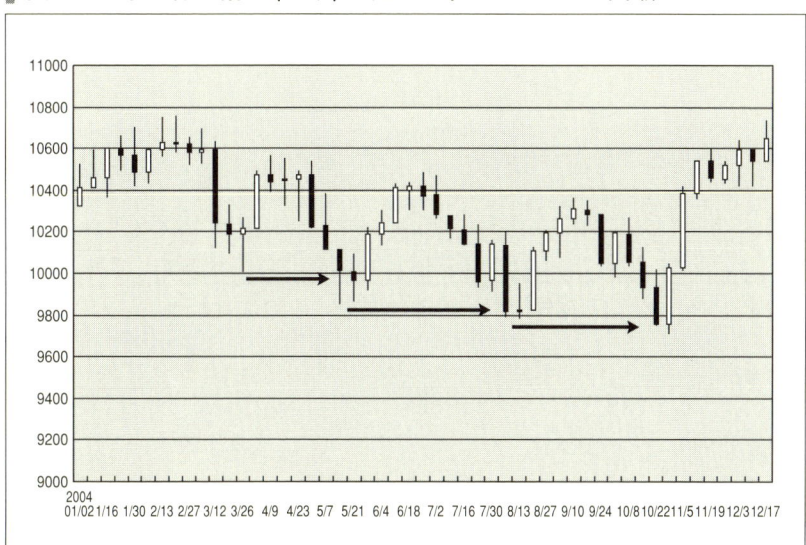

▶ 図4-16 米国株価指数(ダウ)に見るチャート・ポイント突破

っているわけではありません。

　チャート・パターンにしろ、チャート・ポイントにしろ、原因と結果を取り違えるという心理現象は、やはりヒューリスティック（早合点）の一種で、妥当性の誤認といわれています。前回はトレンドが転換したときにチャート・パターンが現われた、だから次にチャート・パターンが現われればトレンドは転換するはずだ、という具合に、原因と結果を取り違えて早合点してしまうのです。

　テクニカル分析が無効であることを厳密に証明することができないとしても、またそうした証明をするつもりもありませんが、**テクニカル分析の定石の多くが、こうした妥当性の誤認によって成り立っているもの**だということは容易に想像がつきます。

● テクニカル分析から導き出されるのは分析者の解釈だけ

　テクニカル分析の罠に陥りやすいのは、「何か絶対的に正しい分析の仕方がある」という考え方が背景にあるからです。

　繰り返される不変のパターンや、何らかの数的秩序という考え方の裏には、テクニカル分析を極めることによって、そうした絶対の真理を発見できるという信念が必要なのです。しかし、テクニカル分析の最大の特徴は、いかようにも解釈できるという曖昧さにあります。これが正しいテクニカル分析である、というものは存在しません。

　また、テクニカル分析についても、通説のパラドックスは成り立ちます。広く流布されたテクニカル分析の定石は、たとえそれが以前は有効なものであったとしても、広く知れ渡った段階で有効性が失われてしまいます。

　結局のところ、テクニカル分析によって導き出された結論は、神の声でも、新たに発見された普遍の真理でもなく、それは分析者自身の声であり、分析者自身の解釈であるに過ぎません。

● テクニカル分析は無用の長物か

　それでは、テクニカル分析がまったく無意味で、罠にはまるだけのものかというと、必ずしもそうとはいえません。

　投資家のなかには、罠に陥りたくないがために、テクニカル分析を意識的に避ける投資家もいますが、その危険性を十分に承知しているのであれば、むしろ積極的に使っていくべきだと思います。相場予測が相場の現状を正しく理解することから始まるとすれば、相場の現状を理解するためのツールとしてテクニカル分析を使わない手はありません。相場の流れを理解するのにテクニカル分析ほど優れたツールは見当たらないからです。

　とくに第6章で登場するダイナミック・アプローチにおいては、テク

ニカル分析はマーケットに耳を傾けるための手段としてなくてはならないものです。

　また、過去の相場のパターンは予測に使えるほどには再現性が高くないとはいえ、だからといって見る価値がないということにはなりません。むしろ逆でしょう。過去の相場のパターンは、相場のメカニズムや、そのときに投資家がどう反応を示したかということに関する最良のテキストです。過去のパターンがそのまま再現されるわけではないことさえ知っていれば、過去の相場のチャートを徹底的に分析することは非常に有益なものとなるでしょう。

　テクニカル分析の罠とファンダメンタルズ分析の罠との比較でいえば、ファンダメンタルズ分析の罠のほうがはるかに陥りやすく、はるかに危険な罠だといえます。ファンダメンタルズ分析の場合は、ときにマーケットから遊離し、ときにマーケットを拒否してしまう可能性があるからです。その点テクニカル分析は、あくまでもマーケットと対峙する中で生まれてくるものですから、マーケットから乖離していくということにはなりにくいのです。

損切りができない〜最も危険で最も陥りやすい罠

　投資家が陥りやすい罠のなかでも最大のものは、損切りできずにずるずると損失を拡大し、ついには決定的なダメージを受けてしまうという現象でしょう。この罠はすべての投資家を待ち受けており、この罠と無縁の投資家は存在しません。

　この罠の背景にある投資家の心理過程は、認知的不協和という概念で説明されます。

　これは心理学者のレオン・フェスティンガーが提唱した概念で、いか

にも難しそうに聞こえますが、人間の心の中に矛盾した認識が存在する状態を指します。そして、こうした矛盾した認識の存在は人間に心理的苦痛を与えるので、人間はそこから逃れるために無意識のうちに矛盾を解消しようとする、というのがこの理論の骨子です。

たとえば、相場が上がると思って株を買ったとしましょう。そしてその後で相場が下がり始めたとします。この場合は、「相場が上がると思う」という認識と「現実の相場は下がっている」という認識が矛盾を起こしていることになります。

そこでこの投資家は矛盾を解消しようとするわけですが、解消する一番目の方法は、「現実の相場は下がっている」という認識に統一するために、「相場は上がると思う」という認識を捨てることです。

ところが、この認識統一方法のためには、すでに買ってしまった株を売らなくてはなりません。「相場は上がると思う」という認識を捨てた以上、それでも「株を保有している」ことは、新たな矛盾を生んでしまうからです。

しかし、一般的には「株を買った」という現実の行動を伴った認識のほうを変更する形で、矛盾が解消されることには大変な困難が伴います。人間は、自分の行動を否定されることを嫌がるからです。プロスペクト理論から、損失領域においては人間は損失を確定するよりもリスクをとり続けることを選びがちであると考えてもかまいません。

そこで、矛盾の解消手段として、第二の方法が選択されることになります。それは、「現実の相場が下がっている」という認識を捨てることです。

とはいっても、現実に相場が下がっている事実自体を消すことはできません。そこで、たとえば相場が下がり始めると相場そのものを見なくなってしまうという形で矛盾解消を図るケースもあります。

より一般的には、「現実の相場は下がっているかもしれないが、これ

は一次的な現象であり、すぐに上がり始めるだろう」という新たな解釈をつけて矛盾の解消を図ろうとするのです。

　そのほか、もともと短期的な売買で利益を狙おうと始めた取引なのに、損が出た途端に「長期的に見ればいつか上がるだろう」というように投資目的や投資期間を事後的に修正してしまうケースもよく見られます。

　注目すべきなのは、こうした新しい解釈や目的の修正は、株を保有しているという現実を正当化するために生まれたもので、もし株を保有していなければもたなかったはずの認識だということです。投資が見るとやるのとでは大違いなのは、投資をすることによって心理構造や思考回路が変わってしまうということからきています。

● 認知的不協和における自己正当化

　通常、マーケットでは相反するさまざまな情報が飛び交っています。認知的不協和の解消過程にいる投資家は、そうした情報のなかで、統一しようとしている認識を否定するような情報を無視しがちになります。

　この場合でいうと、どうやら景気は後退に向かっているらしいとか、この企業の業績は悪化しそうだとか、相場はますます下がりそうだという情報に接すると、「マーケットにはいろいろなことをいうヤツがいる」「こうしたコメントは悲観的になりすぎている」あるいは、「次の経済指標や決算を見るまではこうした見方に与する必要はない」というように、その情報の価値を過小評価します。

　一方、自分に有利な情報には飛びつきます。その情報が不正確で当てにならないものであっても、妙に納得してしまうのです。

　投資においては、見込みが外れて自分が思っていたのとは逆にマーケットが動き出すこと自体は普通に起こりうることです。見込みが外れた場合は、その投資については諦め、次の機会を待つというようにすれば傷がどんどん大きくなることはありません。

しかし、こうした認知的不協和における自己正当化現象が起こるため、傍から見れば明らかに逆向きのトレンドが発生していても、当の本人はそれを認めることができないのです。

　確かにマーケットには、下落トレンドになったかと思ったら突然反転して上がり始めるということもあります。それが現実にはそれほど高い確率で起こるわけではないとしても、認知的不協和を解消しようとしている投資家にとっては、それが大きな心の拠り所となっていくのです。

● "情熱的" 自己正当化局面

　心の拠り所である相場の急反発が実現しなければ、状況はますます悪化します。相場がなお下がり続けると、心の中の矛盾もどんどん大きくなってしまうのです。この大きくなった矛盾を解消するためには、より強力な自己正当化が必要になっていきます。

　もはや傍目には無謀と思えるような説に飛びついたり、自分に不利な情報に異常な反発を示すようになります。こうした段階を "情熱的自己正当化" といいます。この情熱的自己正当化は、決して特殊なものではなく、状況次第では誰もが陥る可能性のある精神状態だということが重要な点です。

　ちなみに、この情熱的自己正当化の極端な例がカルト信仰だと考えられています。普通に考えれば荒唐無稽な教義でも、状況次第では普通の人でもカルトにとらわれてしまう可能性があるという論拠の一つになっています。

　日本の不良債権問題が長引いたのも、この情熱的自己正当化の典型例と考えられます。日本の銀行が不良債権に苦しみ、都合のいいシナリオを立てて「これは大したことではないんだ」と考えたり、「政府が悪い」とか「デフレなんだからどうすることもできない」といって責任を投げ出してしまったりしたのは、まさにそれです。

こうした情熱的自己正当化に陥る前に引き返せればまだいいのですが、厄介なことに本人は自分がどの段階にいるのかがわかりません。そして気づかないままこの情熱的自己正当化に陥ると、あとは決定的なダメージを受けるところまでいかないとそこから脱することができなくなってしまいます。

●ついに自己正当化しきれずに損切り、そして相場はなぜか反発へ

　いくら情熱的に自己正当化しても、ついに正当化しきれなくなるときがきます。最後はヤケッパチになって投げ売りをすることになるのですが、それまで下がり続けていた相場が、そうした損切りの後で反発に転じることがよくあります。

　先ほどの不良債権の例でも、銀行の不良債権処理にめどがつき始めると地価が下げ渋ったり、反発に転じたりし始めています。同じく銀行が保有株を大量に処分したのも、株価がかなり低い水準にあったときです。それ以外にも、大手の機関投資家が塩漬けにしていたポジションを投げ売りした途端に相場が反発するというケースは頻繁に見受けられます。

　こうした巨大投資家が抱えている塩漬けポジションは、いつ売りに出されるかわからないという懸念を生むので、常にその相場に下げ圧力をかけます。それが解消されることで相場が反発に転じるというのが第一の理由でしょう。

　しかし、損切りをすると相場が反発すると考えられる理由はほかにもあります。そうだとすると、この現象はなにも大手の投資家に限ったことではないということになります。

　まず、人間の行動はパターン化しやすいということがあります。とくにマーケットにおいては多くの投資家が同じような情報に接しているため、同じように行動しがちです。他の投資家をまねる横並び現象もそうした傾向を助長します。さらに、強力な自己正当化を要するような状況

になるのは強くて速いトレンドが発生しているときであり、それはそれまでのコンセンサスが覆されたときに典型的に起こります。ですから、コンセンサスにしたがった多数の投資家が同じような含み損ポジションを抱えていることが十分に想像できます。

　いずれにしても、ある投資家が損失を抱えて自己正当化を迫られているときには、他にも同じような状況にある投資家が大勢いると考えるほうが自然なのです。そして相場が下がり続けると、そのなかから情熱的正当化段階へ移行する投資家も少なからずいることでしょう。

　そうした投資家が情熱的に正当化してきた自説をついに捨てるときというのは、もはや否定のしようがない決定的な情報が出てきたときでしょう。

　株式相場は、たとえば、景気が後退するという認識が少数から多数に伝播するときに下落トレンドが生まれます。情熱的投資家は、そうした認識を受け入れない最後のグループです。つまり、その最後のグループにまでその認識が伝わったとき、その認識は相場を動かす力を完全に失うことになります。

　また、情熱的投資家がついに損切りをするときというのは、投げやりな気持ちになっていることが多く、価格にこだわらずに投げ売りをしがちです。決して少なくない情熱的投資家が一斉に投げ売りをすると、市場価格は一次的に下げすぎの状態となり、ポジションをもっていない他の投資家からは、絶好の買い場と映るでしょう。

　こうしたことから、常にではないにせよ、ある投資家がせっぱ詰まって損切りすると相場が反転するということは、そうなる十分な理由があると考えられるのです。

● 損切りがなぜ大切なのか

　この章の最後に、損切りについて改めて考えてみましょう。

損切りとは、多くの投資家に備わっている「少しずつ勝って大きく負ける」という傾向のうち、大きく負けることを回避する目的で行なわれるものです。
　ところが実際に負け始めると、認知的不協和を解消するための正当化、そしてついには情熱的正当化に陥ってしまうため、損切りをすることができなくなってしまいます。
　損切りが大切である、ということは投資のイロハとして広く知られていることなのに、実際に自分が投資するとそれができなくなってしまうのです。この点でも、投資は見るのとやるのとでは大違いです。
　そこで、投資をする最初の時点で、あらかじめどこで損切りするかを決めておき、その地点まできたらどんな理由があろうと絶対に損切りすることをルールとして決めておくという考え方がでてきます。
　損切りのルール化は、情熱的正当化に対する歯止め策です。後で変更がきくような柔軟なルールでは意味がありません。そのときの状況に応じて判断するということにすると、情熱的正当化を止めることができないからです。
　そうした点で、強制力の強い損切りルールの設定は非常に合理的で、とくに短期的なディーリング感覚の投資であれば、絶対に不可欠といってもいいかもしれません。投資にとって最も重要なポイントとして位置づける投資家もいます。
　こうした点にまったく異論はありませんが、この損切りにも注意すべき点があります。
　まず、損切りは、情熱的正当化に陥って大きな損失を出してしまうことを防ぐためのものであって、それによって期待リターンがプラスになるものではありません。
　次に、損切りはただ単に機械的に行なえばいいわけではありません。投資目的と投資期間によって、適用すべき損切りのポイントは変化しま

図4-17 マーケットに張り巡らされた罠の代表例

ファンダメンタルズ分析の罠

- 経済指標を重視 ⇒ ・経済指標の情報コストは低い
- 事実分析を重視 ⇒ ・事実性が強いほど相場を動かせない
- 慎重に、間違わないようにすることを心がける ⇒ ・答えを出したときは相場は終わっている

　→ 相場の波に出遅れて裏目裏目に
　　（ネガティブ・インディケーター）

ファンダメンタルズ分析の罠の背後には ➡ ・コンセンサスの誤謬
　　　　　　　　　　　　　　　　　　　・通説のパラドックス

テクニカル分析の罠

- パターンは繰り返される ⇒ ・ランダムウォークの誤認
- 数的秩序 ⇒ ・法則化は不可能
- パターン出現やポイント突破はトレンド転換のサイン ⇒ ・妥当性の誤認

　→ 単に分析者の解釈に過ぎないのに、真理であると錯覚してしまう

テクニカル分析の罠の背後には ➡ ・妥当性の誤認

損切りの罠

（投資がうまくいかないと…）

- 認知的不協和の発生 ⇒ ・有利な情報を過大視
　　　　　　　　　　　・不利な情報を無視
　　　　　　　　　　　・当初目的の事後修正

（さらに状況が悪くなると…）

⇒ ・情熱的正当化（塩漬け）

（そして、ついに…）

　→ 損切り → 相場は反発へ

損切りの罠の背後には ➡ ・認知的不協和下の非合理的行動

す。短期的なトレードで損切りポイントを遠くに設定しても、ほとんど実効性はなくなります。逆に長期的な投資ですぐに損切りを迫られるルールにしてしまうと、頻繁に損切りすることになって、当初の投資戦略を完遂することは難しくなります。そのため、非常に投資期間の長い超長期投資家などでは、そもそも損切りルールをもたないケースもでてきます。

　つまり、ルール化というのは投資をする前にどこで損切りをするかが明確にされているという意味であって、損切りの幅については投資目的や投資期間に応じて柔軟に設定されるべきです。

　最後に、損切りの最も難しい点ですが、損切りポイントがパニック売りに重なってしまった場合、価格が大きく下げたところで損切りを迫られ、損切りをした後に相場が反発するということが起こります。損切りがしばしばこうした状況に当たってしまうと、損切りが期待リターンを押し下げてしまうという可能性も出てきます。

　こうした点から、どこで損切ればいいのかというポイントの設定は、それ自体が大変難しく、豊富な経験を要する作業ということができます。

　損切りルールは、あくまでも最悪の事態を避ける目的で設定され、実際の損切りはそのルールに抵触する前に自発的に余裕をもって行なわれるというのがベストでしょう。

　ただし、そうしたことを考えるのはルールを設定するまでです。繰り返しになりますが、ルールがいったん設定された後は厳格に適用されなければ意味はありません。

COLUMN4

物理学はとても神秘的

　物理学というのはきわめてダイナミックな学問で、経済物理学に限らず、投資に参考になるアイデアが数多く含まれています。

　物理学にも、ニュートン物理学という古典的で静態的な物理学があります。学校で学ぶ物理の法則の大半はここから来ています。非常に論理的で、計算式に値を入れるとただ一つの解が導き出される世界です。

　しかし、アインシュタインの相対性理論でそうした静的な世界観が否定され、かつ量子力学の登場によりすべての情報が与えられればただ一つの解が導き出されるという考え方が否定されるようになりました。それ以降、物理学は文字どおりダイナミックに変容を遂げ、急速に発展、複雑化していったのです。

　アインシュタインの相対性理論では、それまで絶対的なものと考えられていた時間や空間が、実は相対的なものであって、観測者の運動や重力の存在によって歪んでいることが示されます。

　量子力学が描き出すミクロの世界のありさまに至っては、まるでSFのようです。たとえば電子は、観測前には、「Aという場所に存在する」と「Bという場所に存在する」が同時に成り立っているとされます。そして、観測することによって初めて、「Aという場所に存在する」ことが確定します。

　つまり、観測前にはそもそも正解というものが存在しません。事前にわかるのは確率のみであり、観測することによって初めて正解が確定するのです。

　こうした動的物理学が描き出す現実の世界は、我々人間の常識的感覚からはかけ離れたものです。

　将来の予測については正解など存在せず、あるのは確率だけであり、実際に将来になって初めて正解が確定するという本書の考え方も、この量子力学を参考にしています。

　ここで示した量子力学の考え方はコペンハーゲン解釈といわれ、

批判もあります。その批判のうちで有力なものはエベレット解釈といわれ、可能性の数だけ世界が同時に成立していると解釈するもので（多世界解釈）、いよいよＳＦチックです。

アインシュタインは、観測するまで正解が特定されないというコペンハーゲン解釈に対して、「神はサイコロを振らない」といって批判したといいます。しかし、いずれにしても量子力学は実験により驚異的な精度で確かめられ、今ではエレクトロニクス産業に欠かせない理論となって我々の実生活を支えています。

コペンハーゲン解釈でも、エベレット解釈でも、現実は必ずしも我々の感覚がとらえるものとは様相を異にしていることに変わりはありません。そして、そうした性質は、マーケットの世界にも共通しているように思われます。「神が振るサイコロ」、それが相場なのかもしれません。

第4章　マーケットにひそむ落とし穴

第5章

恐るべき"敗者のゲーム"のルールとは

- ◉一般的な"敗者のゲーム"の定義 …………………………160
- ◉本当の"敗者のゲーム" ……………………………………161
- ◉投資は巨額損失の押し付け合い …………………………163
- ◉投資における逆ハンディキャップとプロ／アマの差 ………164
- ◉投資の学習曲線 ……………………………………………165
- ◉投資は人間の本性との戦い ………………………………167

  コラム5
  博打の必勝法──マーチンゲール？ …………………………170

ランダムウォーク理論から始まって、ここまでマーケットの基本構造についてさまざまな面を見てきました。

それらを総合してマーケットの全体像を眺めてみると、恐るべきマーケットの本質が見えてきます。それは、"敗者のゲーム"と呼ばれる過酷なルールです。

一般的な"敗者のゲーム"の定義

投資は、厳密には、投資家全員の損益を合計するとゼロになる"ゼロサムゲーム"ではありません。マーケット全体の価値が変動するため、投資家全体が勝つこともあれば、負けることもあります。また、マーケットには、政府のような非経済的な主体や、株や債券を発行する非投資家的な主体もいますし、投資家そのものも顔ぶれが常に変動しています。

その結果、特定の投資家だけの閉じられた世界というものが存在しませんので、今投資を行なっている投資家全員の損益を合計しても必ずしもゼロにはならないのです。

ただ、数学的な厳密さを気にしなければ、「投資の勝ち負けは全体で見るとチャラ」という考え方は感覚的には納得しやすいものだと思います。

現実のマーケットでは取引コストが存在します。税金や仲介業者（証券会社やブローカー）の手数料などです。投資家が行動を起こすたび、こうした取引コストはマーケットから外部に流れ出していきます。

証券取引に関連する税金や仲介業者の手数料収入を合計すれば、かなりの金額になるはずです。これらは投資家の取り分から差し引かれますので、投資家のリターン合計は、この取引コスト分だけ確実にマイナスになります。

全体として見ると、投資家は、このマイナス分を互いに押し付け合っているということがいえます。これが、一般にいわれている「投資は敗者のゲーム」ということです。
　ただし、これにはさらに恐ろしい続編があります。

本当の"敗者のゲーム"

　現実のマーケットでランダムウォーク理論が成り立っているとすると、すべての投資家の期待リターンは、取引コスト抜きでゼロ、つまり取引をすればするほどそのコスト分だけマイナスになっていきます。
　しかし、現実のマーケットでは、ごく一部とはいえ、ランダムな変動だけでは説明できない部分があります。マーケットの非効率といわれるものです。一般にはこれこそがプラスの期待リターンの源泉だと考えられているわけですが、現実はそう簡単ではありません。
　このマーケットの非効率の最大の発生原因は、人間心理に潜む非合理性だとされます。合理的投資家の存在を仮定すると、非合理的な投資家はその非合理性の分だけ負けて、合理的な投資家は非合理的な投資家の負けの分だけプラスのリターンを得ることになります。
　さて、ここで最大の問題がもち上がります。それは、人間の心理には、効率的市場仮説で仮定されているような合理的な心理構造は存在せず、明らかに特定のバイアスをもって常に傾いているということです。
　投資家は、経済学的には合理的でなくても人間の行動としては極めて自然な行動をとります。したがって、マーケットの非効率性は非合理的な投資家の愚かな行動によって生まれるのではなく、すべての投資家の自然な行動から生まれるものなのです。
　ですから、程度の差こそあっても、投資家というものはリスクを過度

に恐れ、コンセンサスへの依存によって小さく勝って大きく負け、本当に価値のあるものを敬遠し、価値のないものに殺到し、情熱的正当化によって必要以上の損失を被ります。

　非常に重要な点ですから繰り返しますが、こうした行動は自然なものであり、多くの投資家がそうやって行動するために、マーケットに非効率が存在するのです。

　投資家がプラスの期待リターンを上げるには、マーケットに非効率が存在することが必要です。しかし、その非効率は多くの投資家が偏った行動をすることでのみ発生します。つまり、多くの投資家はマーケットの非効率をつくる原因であって、非効率を利用してプラスの期待リターンを得ることはできないのです。

　マーケットはさまざまなパラドックスに満ちていますが、これはそのなかでも最大のパラドックスといっていいでしょう。別の表現をすると、「人間は、もともと投資で負けるようにできている」ということになります。

　もちろん、多くの投資家が負ける分は誰かの利益になっているはずで、それが勝ち組の投資家です。しかし、マーケットで彼らが多数派を占めることはありません。もしそうなってしまえば、価格の決定権は彼らに握られ、彼らの期待リターンの源泉である非効率が消滅してしまうからです。したがって、勝ち組投資家は常に少数であるということが、マーケットの基本構造となります。

　ケインズはマーケットを美人投票にたとえましたが、マーケットの勝者はまさに美人のような存在です。美人は常に少数であるという宿命があります。美人が多数派になってしまえばもはや美人ではなくなってしまうので、美人だらけになること自体がありえないことなのです。

　同様に、マーケットにおける勝ち組投資家も、常に少数のもののみであるという宿命を負っています。

投資は巨額損失の押し付け合い

　少数の勝ち組投資家は、多数の投資家の負け分を少数で分け合うので、平均的にはその利益額はかなり大きなものとなります。

　逆に多くの投資家の立場からいえば、取引コストと勝ち組の利益を加えたものに相当する損失を、彼らの間で分け合っていることになります。

　1992年にポンド危機がありました。その際、ジョージ・ソロスが莫大な利益を上げたことはあまりにも有名です。その金額は、わずかな期間で2千数百億円に及んだといわれています。このときの敗者は、ポンドを買い支えようとしたイングランド銀行でしたが、イングランド銀行の権威を信じて巻き添えになった投資家も数多くいるでしょう。

　また、2002年末、ある銀行株を日本の投資家が大量に売っているときに、日本ではまったく無名だったソブリン・アセットというファンド会社が大量に買い入れて、この投資だけで数百億円の利益を上げたといわれています。ソブリンがたっぷりと利益を上げた後で利益確定売りを出したとき、ソブリンの尻馬に乗ろうとしてはしごを外される結果となった投資家も大勢いたことでしょう。

　多くの投資家にとって、投資とは、仲介業者と税務当局とこうした少数の勝ち組がごっそりと利益を上げた後の巨大な損失を分け合う行為なのです。これが"敗者のゲーム"の本当の意味です。

　もちろん、投資に対して恐怖を煽ることが本書の目的ではありません。むしろ、"敗者のゲーム"のルールを知ることが、このゲームから脱する最善の方法であるというのが本書の趣旨です。

　勝ち組は常に少数であるという法則を飛び越えることはできませんが、マーケットは懐の深いものであり、勝ち組の椅子が常に埋まっているわけではありません。誰にでも勝ち組投資家になる可能性は常に開けてい

るのです。

投資における逆ハンディキャップとプロ／アマの差

　"敗者のゲーム"に関連して、もう一つ触れるべきことがあります。

　それは、マーケットには初心者向けのハンディキャップが存在しないことです。たとえば初心者投資家がある株を買った場合、その取引の反対側にいるのは、高名な投資家に率いられた巨大ヘッジファンドかもしれません。

　生まれて初めて投資をする投資家も、社内で運用部門に配属になって間もないサラリーマン投資家も、著名投資家や巨大投資家とハンディキャップなしで同じ土俵で戦わなければなりません。もちろん1対1の勝負ではなく、椅子とりゲームのようなものですが、ゲームに精通したプロフェッショナルと同じゲームに参加しているのです。

　さらに、取引手数料や情報量などの面で、小口の投資家は不利でしょうから、むしろ逆ハンディキャップ制といっていいでしょう。

　しかし、投資には別の側面もあります。野球であれば、プロの150キロの速球を打てるアマチュアはまずいないでしょう。たとえまぐれ当たりでバットに当たったとしても、普通の人にはその球を打ち返すだけの力がありません。ですが、投資においては初心者や小口投資家が有名投資家や巨大投資家に勝つことは十分に可能です。

　機関投資家は機関投資家で、さまざまな制約のなかで投資を行なっていることが多く、しかも必ずしも投資の成功に必要な知識と能力をもった人間が投資をしているとは限らないのです。

　アメリカでのさまざまな実証分析では、アクティブ運用を行なっている運用会社の成績がマーケット平均を下回る傾向が確認されています。

大手の機関投資家だからといって勝ち組であるわけではありません。むしろ、コンセンサスの誤謬やファンダメンタルズの罠は、機関投資家だからこそ陥りやすい落とし穴といえます。

　実証的な証拠があるわけではないのですが、勝ち組投資家の比率は、投資家の規模にはあまり関係ないのではないかと思います。むしろ、次に述べる投資の学習曲線の性質により、機関投資家の一部では期待リターンが大きく低下している可能性もあります。

投資の学習曲線

　次ページの図5-1のグラフは、投資の学習曲線のイメージを表わしたものです。

　まず、サイコロで投資態度を決めるサイコロ投資家の勝率は、取引コストがある分だけわずかなマイナスになります。次に、まったくの初心者投資家は、知識も経験もありませんが、逆に変な思い込みや誤解も少ないため、勝率はサイコロ投資家に近くなります。

　そして、いろいろと勉強し、さまざまなエコノミストやアナリストのコメントに耳を傾けるようになると、投資家が陥りやすい罠や落とし穴に陥りやすくなっていきます。つまり、知識量の増加に伴って、勝率が低下してしまうのです。

　この傾向はさらに続きます。ある程度経験を積むと、その経験をもとに早合点したことをまるで不変の真実のように思ったり、たまたまにしかすぎない成功例をもとに過信したり、反省すべき失敗例を教訓にすることを拒んだり、さまざまな悪癖がついてしまう可能性があるのです。

　人間は投資に負けるようにできているということは、経験や知識を積めば解消されるというよりも、むしろ補強される側に働きがちです。

▶図5-1 投資の学習曲線

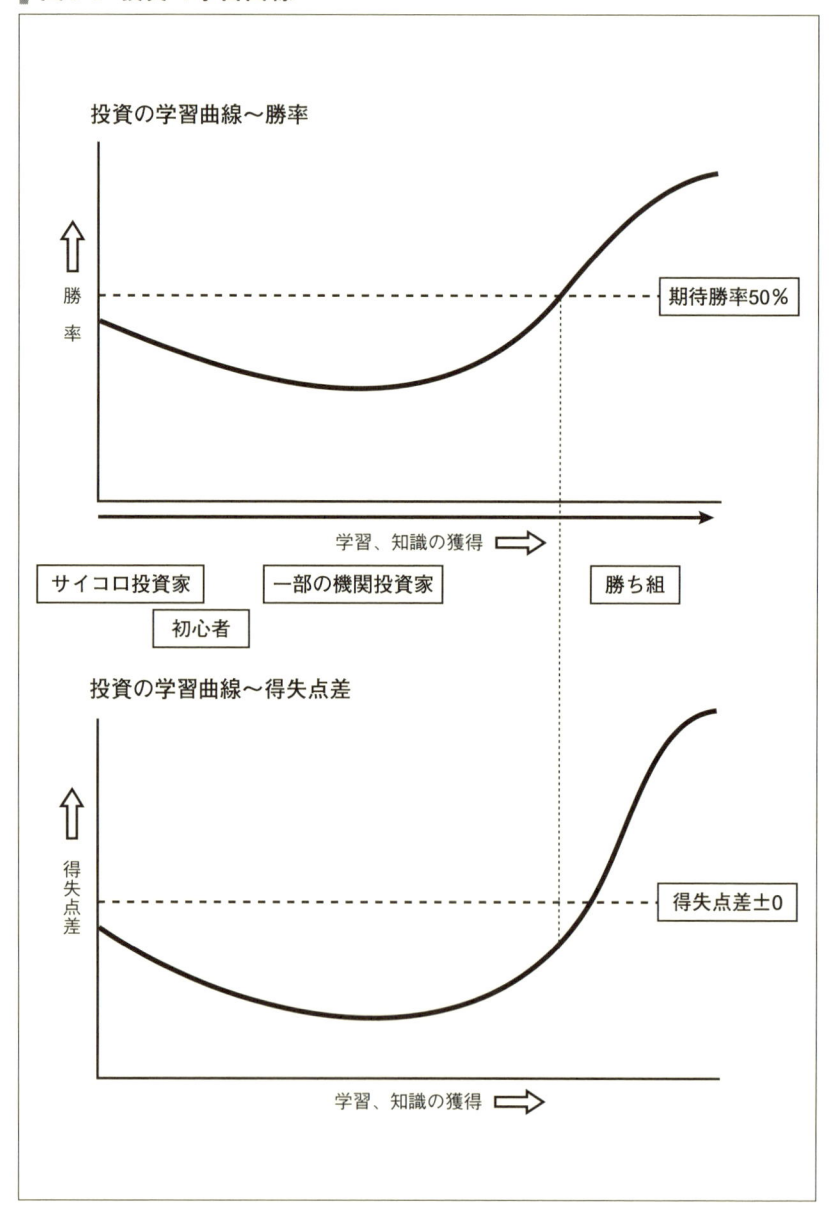

投資の学習曲線〜勝率

↑勝率

期待勝率50％

学習、知識の獲得 ⇒

サイコロ投資家　　一部の機関投資家　　勝ち組
　　初心者

投資の学習曲線〜得失点差

↑得失点差

得失点差±0

学習、知識の獲得 ⇒

もちろん、厳しい損益管理のもと、重い責任感のなかで投資を続けていれば、間違いを矯正し、成功に過信せず、失敗から学ぶことも可能です。しかし、そうしたメカニズムが機能しない場合は、かえって経験や知識が投資での成功を妨げ、勝率をさらに低いところにまで押し下げてしまいます。

　ですから、機関投資家で、損益管理や人材管理・育成がうまく行なわれていない場合、初心者の投資家よりも非常に勝率が低いということも起こりうるのです。

　そして、厳しい責任感のもとでの経験を積み、マーケットを深く理解し、自分なりの投資哲学を確立した一部の投資家のみが、勝率50％以上の領域に進むことができます。

　さて、投資は単純な勝ち負けではありません。総得失点差を競うゲームです。そして、人間には、小さく勝って大きく負ける傾向が備わっているため、勝率を50％以上にするだけではなかなか総得失点差がプラスにはなりません。

　最終的に、その壁を乗り越えた投資家が、勝ち組投資家になるのです。

投資は人間の本性との戦い

　数多くの負け組の投資家には、いくつかの特定のパターンがあります。その反対に、勝ち組といわれる投資家についても、実際の投資手法はさまざまであったとしても、やはり共通のパターン、共通の発想法が見られます。そうした発想法については詳しくは次章で見ていくことにしますが、ここではやや概念的な共通項を見ていきます。

　投資家が罠に陥る大きな理由は、投資手法に関して何らかの絶対的に正しいやり方、正統的といえるやり方が存在して、とにかく真面目に努

力していけばそうした領域にたどり着けると考えることにあります。
　だから、常識や通説にとらわれ、さまざまなパラドックスに陥り、さらには「理論通りに動かないマーケットが悪い」というような現実逃避に至ってしまいます。
　しかし、投資に絶対的に正しいやり方などありえません。「確実なものなどない」なかで、不確実性にどう対処していくかということが本質なのです。
　「確実なことは何もない」とはロバート・ルービンの言葉ですが、偉大な投資家はみな、同様の信念、あるいは哲学をもっています。投資家ではありませんが、米連邦準備制度理事会（FRB）のアラン・グリーンスパン議長もまた、「**確実なものはない。すべては確率の問題である**」と、ルービンとまったく同様の信念をもっているといわれています。
　また、投資における罠は、人間の心理における特定の偏りから生まれるものですから、「投資は（狭義の）科学であり、正しいやり方でやれば勝てる」という考え方では、いつまでたっても罠から逃れられません。たとえ正しいやり方が見つかったとしても、どうすれば心理的なバイアスから逃れて正しいやり方を貫けるかということのほうが、はるかに難しいからです。投資とは知的作業である以前に、精神的な作業だといえます。
　行動ファイナンス理論そのものは比較的新しい学問分野ですが、優れた投資家というのは、そうしたことが学問的に取り扱われるようになる以前から、投資における人間心理について深い洞察をもち、そして自らがそうした罠に陥らないように工夫をし、自分を律してきた人たちです。
　投資とは、結局のところ人間の本性との戦いであり、その戦いに勝利しない限り持続的な成功は望めません。

●フリーランチには貪欲に食らいつく

　さて、勝ち組投資家を特色づける概念の一つにフリーランチというも

のがあります。これは一般にアービトラージ（裁定）機会といわれます。文字どおり"ただメシ"ということです。マーケットで"ただメシ"を見つけられれば、一番手っ取り早く収益を上げることができます。

ただ、ほとんどが効率的なマーケットの中で"ただメシ"の機会は簡単には見つけられません。あらかじめ投資対象を狭く限定せず、幅広く、そして意地汚く"ただメシ"のチャンスを探し続けないとありつけないのです。

実際にマーケットには完全なフリーランチはそれほどありません。ただ、高級ランチを格安で食べられる機会はあります。そしてそれは何がしかのリスクや、困難を伴います。薄汚くて近寄りがたいところにあったりとか、以前不祥事を起こして経営が傾いているとか、オヤジが頑固で入りにくいとか、しょっちゅう休んでいてなかなか入れないとか、そうした困難を乗り越える必要があるのです。

勝ち組投資家というのは、そうした困難にめげることなく、"ただメシ"にはとても貪欲です。硬い表現をすれば、「アービトラージ機会への感受性こそが、勝ち組投資家の重要な条件である」といってもいいでしょう。

フリーランチの重要性はマーケットの不確実性と相反することのように見えますが、そうではありません。

フリーランチの重要性は、いうまでもなく、マーケットには期待リターンをプラスにする源泉があまりないというところからきています。

不確実性に覆われたマーケットでは、期待リターンをプラスにすること自体がとても難しいことであり、したがって、期待リターンをプラスにしそうな機会があれば、それに対して貪欲に食いついていかなければならないことを意味しています。つまり、マーケットは不確実であるということを理解していてこそ、フリーランチのありがたさが身にしみるのです。

COLUMN5

博打の必勝法──マーチンゲール？

　博打の世界で必勝法とされるものがあります。マーチンゲールと呼ばれる方法です。

　たとえばコイン投げで、表が出たら掛け金が倍になって戻り、裏が出たら掛け金を失うという単純なゲームを考えます。

　最初に1ドルを賭けて、表が出れば2ドル戻ってきますから、1ドルの儲けとなってゲームを終了します。裏が出れば掛け金の1ドルは失われますが、その時は掛け金を2倍の2ドルにして再ゲームをします。

　表が出れば、2×2＝4ドル戻ってきて、2回分の掛け金1＋2＝3ドルを差し引いて1ドルの儲けとなりますから、そこでゲームを終了します。

　そして、裏が出続ければ、そのつど掛け金を2倍にしていくのです。そうすれば、いつかは表が出て、そのときに必ず1ドルの儲けとなって勝つことができます（図）。

　わずか1ドルの儲けでは面白くない場合は、掛け金を3倍に釣り上げていく3倍マーチンゲールもあります。

　もちろん、真相は、必勝法でもなんでもありません。掛け金が尽きて大損を被ってしまうリスクと相殺されて、結局このゲームの期待リターンはゼロのままなのです。ただ、負ける確率を減らし（そのぶん負けたときの損失額が巨大になる）、勝つ確率を高めている（そのぶん勝ったときの獲得額を小さくしている）に過ぎません。

　確率理論では、しばしば"マルチンゲール"という用語が出てきます。期待値がゼロで互いに独立したランダムな変動が積み重なっていくプロセスのことをいいます。第2章で述べた効率的市場仮説におけるランダムウォークは、まさにこのマルチンゲールであり、専門書などではそのように解説されています。

　この用語は、もともと上記のマーチンゲールから派生した言葉といわれています。

マーチンゲールの考え方

ゲームのルール
- コインを投げて、表が出れば掛け金の2倍が戻ってくる
- 裏が出れば掛け金は没収される
- 好きなだけ繰り返すことができる

マーチンゲールの賭け方

	掛け金	表の場合	ゲーム終了時通算損益	裏の場合
1回目	1ドル	2ドル戻り→ゲーム終了	戻り－掛け金すなわち 2-1＝1ドルの利益	掛け金1ドル損失 2回目のゲームへ
↓				
2回目	2ドル	4ドル戻り→ゲーム終了	戻り－掛け金－前回 までの損失すなわち 4-2-1＝1ドルの利益	掛け金2ドル損失 （通算損失3ドル） 3回目のゲームへ
↓				
3回目	4ドル	8ドル戻り→ゲーム終了	戻り－掛け金－前回 までの損失すなわち 8-4-3＝1ドルの利益	掛け金4ドル損失 （通算損失7ドル） 4回目のゲームへ
↓				
4回目	8ドル	16ドル戻り→ゲーム終了	戻り－掛け金－前回 までの損失すなわち 16-8-7＝1ドルの利益	掛け金8ドル損失 （通算損失15ドル） 5回目のゲームへ

第5章 恐るべき"敗者のゲーム"のルールとは

第6章

マーケットにわずかに存在する期待リターンの源泉と投資手法

- ◉期待リターンがプラスの投資機会 …………………………174
- ◉ランダムでないトレンドとミーン・リバージョン ……………175
- ◉罠に陥りやすいスタティック・アプローチ ………………176
- ◉ダイナミック・アプローチの登場 …………………………177
- ◉マーケット・アプローチの概要 ……………………………180
- ◉キーファクター・アプローチの概要 ………………………188
- ◉仮説検証型シナリオ・アプローチの概要 …………………192
- ◉ダイナミック・アプローチの伝道師 ………………………195
- ◉難易度の高いミーン・リバージョン戦略 …………………199
- ◉ランダムでないトレンドとミーン・リバージョンに適した投資家 ……202
- ◉重要性が高いリスク・プレミアム …………………………203
- ◉リスク・プレミアムにおける分散投資の意味 ……………204
- ◉リスク・プレミアムの測定 …………………………………207
- ◉リスク・プレミアムの周期性 ………………………………209
- ◉リスク・プレミアムにおける長期投資の意味 ……………211
- ◉リスク・プレミアム投資に適した投資家 …………………212
- ◉投資の王道、アービトラージ ………………………………213
- ◉アービトラージ戦略に適した投資家 ………………………221
- ◉ヘッジファンドに見る勝ち組の投資手法 …………………223
- ◉オポチューニスティック・スタイルへの展開 ……………229
- ◉オポチューニスティックの対抗馬、深彫りストラテジー ………232

コラム6
数字の神秘……………………………………………236

期待リターンがプラスの投資機会

「かなり効率的だが、一部には人間心理の偏りから生まれる非効率性がわずかに存在する」という前提でマーケットを考えると、期待リターンがプラスの投資機会は、かなり限られてくることになります。

まず、「ランダムでないトレンド」があげられます。そして、そのランダムでないトレンドが、マーケットに組み込まれているトレンド増幅の仕組みによって"行きすぎ"の状態に陥り、やがてそこから適正と思われる水準に戻っていくという「ミーン・リバージョン」が発生します。これらは原理的にはある程度の予測が可能ですが、そうした機会がいつ

▶図6-1 期待リターンがプラスの源泉は限られている

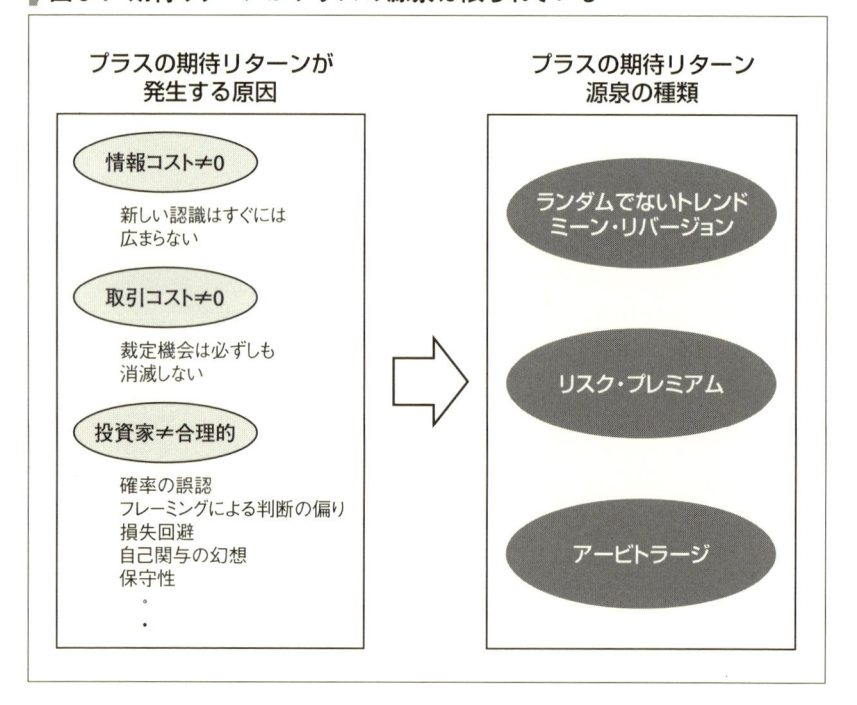

プラスの期待リターンが発生する原因

- 情報コスト≠0
  - 新しい認識はすぐには広まらない
- 取引コスト≠0
  - 裁定機会は必ずしも消滅しない
- 投資家≠合理的
  - 確率の誤認
  - フレーミングによる判断の偏り
  - 損失回避
  - 自己関与の幻想
  - 保守性
  - ・

⇒

プラスの期待リターン源泉の種類

- ランダムでないトレンド ミーン・リバージョン
- リスク・プレミアム
- アービトラージ

も存在するとは限りません。

次に、プロスペクト理論から示唆される「リスク・プレミアム」があります。

そして、マーケットの歪みを直接的に収益化する「アービトラージ」があります。

リスク・プレミアムとアービトラージも、いつも存在するとは限りませんが、マーケットの構造と人間の心理的構造から決して消滅することはありません。

分類の仕方は人によって異なるでしょうし、ここはあくまでも筆者独自の分類にしたがっていますが、基本的にはマーケットにおけるプラスの期待リターンの源泉は、このくらいのものしか存在しません。

あとは、それにどう味付けをし、どう組み合わせていくかにかかっています（**図6-1**）。

ランダムでないトレンドとミーン・リバージョン

一概にトレンドといっても、まず、ランダムな動きの中に人間がトレンドとして感知してしまうものがあります。これがトレンドに見えるのはたまたまであって、理由があってそうなっているのではありませんから、トレンドまがいといっていいでしょう。

また、マーケットにおけるカオス的振る舞い、トレンドに対する過小評価と過信の心理的循環から、自然発生的に明らかなトレンドが発生することもあります。しかし、このトレンドの発生と終息を予測する術はないため、やはりこれも実際の投資には役に立ちません。

ほかに、（原理的には）予測が可能な「ランダムでないトレンド」があります。期待リターンをプラスにできるのは、このランダムでないト

レンドだけです。

　ランダムでないトレンドは、見解が分かれていて多くの投資家が結論を出すには至っていない認識（仮説もしくはシナリオ）が、少数の投資家から多数の投資家に伝播するときに生まれます。

　さて、トレンドには、それが反転する「ミーン・リバージョン」という現象があります。

　最初のトレンドまがいのものには、ミーン・リバージョンは発生しません。自然発生的トレンド、とくにランダムでないトレンドの延長線上に発生する"相場の行きすぎ"に対してはミーン・リバージョンが発生します。このミーン・リバージョンも、原理的には予測が可能なものです。

　それでは、ランダムでないトレンドをとらえる分析手法について見ていきましょう。

罠に陥りやすいスタティック・アプローチ

　第4章で触れたように、マーケットの基本メカニズム、IT技術の発展に伴う情報コストの激減が及ぼすインパクト、そして人間心理における特定の偏り、といった要素を直視しなければ、真面目にファンダメンタルズを分析しようとすればするほどその罠に陥りやすくなってしまいます。

　ファンダメンタルズ分析の罠に陥りやすい分析手法にはいくつか共通の要素があります。ここでは、そうした要素を総称してスタティック・アプローチと呼びます。その特徴としては、次の点があげられます。

　①事実性が強いデータを分析することで、経済の現況をより正確に把

握しようとすることに重点が置かれる
②生産、投資、雇用、消費、貿易などの経済の各側面を分析し、それぞれの分析結果を総合することで全体像の把握に努める
③「絶対的に正しい解答が存在し、努力によってそこに到達できる」と考える

　肝心な点は、スタティック・アプローチとここで呼んでいる考え方が別に間違ったものだというわけではないということです。ただ、マーケットの構造を考えると、「ランダムではないトレンド」をとらえる投資手法に用いる場合に、うまくいかなかったり、さらにはネガティブ・インディケーターになってしまう危険性があるのです。
　問題は、そうしたアプローチをとっていることではありません。そうしたアプローチをとっていることを意識せずに、その分析をもとにランダムでないトレンドを狙いにいってしまうことが問題なのです。
　これこそが、ファンダメンタルズの罠にほかなりません。

ダイナミック・アプローチの登場

　スタティック・アプローチに対して、ランダムでないトレンドを収益化するためのファンダメンタルズ分析は、明確に異なる性格をもっています。これを「ダイナミック・アプローチ」と呼びましょう。
　先ほどのスタティック・アプローチと比較すると、このアプローチには次のような特徴があります。

①事実分析から切り離した、独立した将来予測を行なっている。そこでは、事実性の強いデータよりも、データ入手までのタイムラグが

小さい（速報性が高い）ものや先行性の強いものがとくに意識されるとともに、経済指標間のわずかな食い違いや、マーケットの先行的な動き（マーケット・アプローチ）も重要なファクターとなる。
②数多くの要素を分析して総合するよりも、相場の先行きを占う数少ないキーファクターに注目し、そのキーファクターを中心にしてシナリオ（仮説）を立てる形で将来分析を行なう（キーファクター・アプローチ）。
③将来予測はあくまでもシナリオ（仮説）なので、ただ一つの正解というものが存在せず、いくつかのシナリオが併存する。そして新しい情報が入ってくれば各シナリオの蓋然性は当然変化してくるので、事後の検証と修正が重要な意味をもつ（仮説検証型シナリオ・アプローチ）。

これらの特徴は、
①将来分析は事実分析から自然に派生するものではなく、別個のものである
②相場は経済の増分（変化分）に反応し、経済の増分の方向性や幅を決定するのはいくつかの限られた要因である
③不確実性に対処するためには、常に仮説検証型の思考方法を取らざるを得ない
という点に対応しています。
　いくつも"○○アプローチ"というものが出てきて紛らわしいですが、**図6-2**にこれらを整理しているので参照してください。

図6-2 ダイナミック・アプローチ

人間は将来予測が苦手

⇨ 事実分析と切り離した将来予測

- 先行性や速報性の重視
  （あやふやさを忌避しない）
- データ間の食い違いなどわずかな兆しに注目
- マーケット情報を最大限に活用 ← **マーケット・アプローチ**

相場は増分（変化分）に反応する

⇨ キーファクターを中心としたシナリオ分析　**キーファクター・アプローチ**

- 増分に影響を与えるキーファクターの特定
- キーファクターの徹底分析
- キーファクターに基づくシナリオ分析

不確実性のせいで、正しい将来予測は存在しない

⇨ 新しい情報に基づきシナリオをメンテナンス　**仮説検証型シナリオ・アプローチ**

- シナリオはあくまでも仮説であって事後の検証・修正が不可欠
- 複数のシナリオが併存する
- シナリオには蓋然性が見積もられる

マーケット・アプローチの概要

まず、マーケット・アプローチを見ていきましょう。

マーケット・アプローチだけが事実分析から独立した将来予測の手法というわけではありませんが、その重要な部分を担っています。これは、簡単にいえば、マーケットに織り込まれている情報をもとに、将来予測に役立てるというものです。「相場のことは相場に聞け」という相場格言に相当するものといえるでしょう。

マーケットには、実にさまざまな将来に関する情報が織り込まれています。

金利先物市場には、政策金利がいつどのくらいの幅で上がりそうかという情報が明確に織り込まれています。スワップ市場や国債市場であれば、徐々に曖昧さは増していくものの、さらに長期間の政策金利動向や、期待インフレ率、潜在的な成長力まで織り込まれています。

社債や株式マーケットでは、リスク・プレミアムが大きいのでやはり曖昧さが残りますが、企業の倒産確率や予想される利益成長率なども織り込まれています。

さらにオプションマーケットでは、将来の相場の値動きの幅や、たとえば株価が10％以上上昇する確率はどのくらいかといった情報まで織り込まれます。

マーケット・アプローチでは、事実分析を積み上げてファンダメンタルズの全体像をつかむことに力点を置くのではなく、「マーケットに何が織り込まれ、何が織り込まれていないのか」という点に分析の焦点が当てられます。

スタティック・アプローチが、事実の積み重ねで現状をとらえて将来を予測するのに対し、マーケット・アプローチは、相場にすでに織り込

まれている情報が今後どのように変化していく可能性があるのか、新たな情報が織り込まれるとしたらそれはどのような情報なのかという点に焦点が当てられます。

　マーケット・アプローチの有効性は、対象となるマーケットによって多少変化します。マーケットに織り込まれるリスク・プレミアムが小さい金利市場では非常に有効性が高い手法ですが、株式になるとやや曖昧になります。とくに為替では曖昧さが増しますが、考え方そのものの有効性はなくなりません。

● マーケット・アプローチは従来の分析とは発想を逆にしたもの
「正統的なファンダメンタルズ分析も、分析をしっかりやってから、それをマーケットと比較して投資判断に結びつけているのだから、マーケット・アプローチなどと殊更に言うほどではない」という反論があるかもしれません。

　しかし、マーケット・アプローチは、事実分析から将来予測を導き出す際に生じる人間の心理的なバイアスを抑えるための手法です。

　人間には保守性や線形性という傾向が備わっているために、新しいトレンドに乗り遅れたり、過小評価したりして、裏目裏目に出る危険性が常につきまといます。そこで事実分析ではなく、マーケットに織り込まれている情報からスタートすることで、いったんそうした心理的なバイアスから離れて、将来のことを考えるというのが、この手法のミソなのです。

　とはいっても、マーケット・アプローチが事実分析を否定しているわけではありません。事実分析は土台としては依然として重要です。ただ、将来予測を行なう際は、いったん事実分析から離れることが重要なのです（図6-3）。

　これは保守性を回避するための手法ですから、それだけで将来予測が

図6-3 伝統的分析手法とマーケット・アプローチ

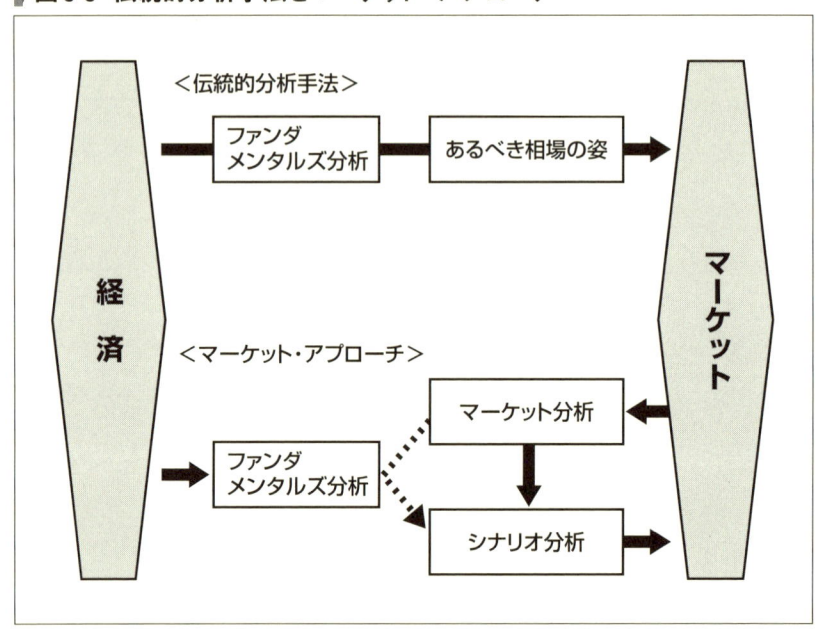

＜伝統的分析手法＞
経済 → ファンダメンタルズ分析 → あるべき相場の姿 → マーケット

＜マーケット・アプローチ＞
経済 → ファンダメンタルズ分析 ⇢ マーケット分析 ← マーケット
マーケット分析 → シナリオ分析 → マーケット

上手く行なえるというものではありません。たとえば、完全にマーケット・アプローチに頼ってしまうと、今現在相場に織り込まれている将来情報がすべてになってしまい、現在の相場を完全に肯定することになってしまいます。そこにプラスの期待リターンの源泉を見出すことはできません。まさに効率的市場仮説の世界です。

そこで、次に述べる「キーファクター・アプローチ」や「シナリオ・アプローチ」の登場となるわけですが、その前に、マーケット・アプローチの前提となっているマーケットの予測力について、もう少し見ておく必要があります。

●マーケット・アプローチの前提となるマーケットの予測力

スタティック・アプローチでは、マーケットは間違えるものであると

いうことがどうしても前提となっています。一方のマーケット・アプローチでは、マーケットはいつも正しいとはいえないものの、予測精度はかなり高いということに発想の起点を置いています。それでは、実際のところはどうなのでしょうか。

　マーケットは往々にして行きすぎるといわれます。実際にマーケットはバブルを生み出し、後から考えるととんでもないような予測を織り込んでしまうことがあります。結局、参加する投資家の心理によってマーケットが形成されている以上、マーケットそのものも人間心理のバイアスから逃れることは当然ながらできません。だから「マーケットは間違える」というのは当たり前のことです。

　しかし、だからといってマーケットは当てにならないとはいえません。これは比較の問題です。ほかの予測手段と比べてマーケットは当てになるのかならないのか、という点が肝心なところです。

　マーケットの経験知のなかには「**マーケットは最良のエコノミスト**」というものがあります。"最良の"とはパーフェクト（間違えない）ということではなく、ベスト（他よりもいい）という意味です。

　第4章で紹介したマーケットの先行性は、まさにこのことを示唆しています。

　多くの場合、マーケットは多くのエコノミストが予見するよりも早く動き始め、しかもより正確に将来を予測しています。間違えることがあるからといって、マーケットの予測能力を過小評価するわけにはいきません。それでは、なぜマーケットは高い予測力をもつのでしょうか。

●マーケットの予測力をエコノミストやアンケートと比較すると……

　まず、マーケットを個人のエコノミストと比較してみましょう。

　どんなに優秀なエコノミストであっても、収集し分析できる情報には限りがあります。しかし、マーケットには情報量に限度がありません。

さまざまな参加者がさまざまな情報を収集し、さまざまな分析をして取引を行ない、それが市場価格に反映されていくからです。ほとんどの参加者が知らないようなインサイダー的な情報ですら、市場価格には反映されます。

　また、どんなに優秀なエコノミストであっても、どうしても個人の"癖"から逃れることはできません。一方、マーケットは、さまざまな"癖"をもった参加者が価格形成に関与するので、個々の参加者の"癖"は相殺されて薄められていくと考えられます(注1)。

　次に、アンケート調査（世論調査）でさまざまな参加者のもつ情報を集約してみた場合とで比較してみましょう。

　アンケート調査では、質問の仕方によって答えが変わる傾向(注2)が行動心理学などで確認されています。しかし、マーケットでは、相場の予想が当たれば収益を得られ、外れれば損失を被るということが明確であり、曖昧さのない質問がされているとみることができます。

　また、アンケートでは基本的に1人1票の回答権（投票権）をもちます。なかには十分な知識がないまま曖昧に答えたり、忙しくていい加減に答えたりする人もいますが、1票の重さには変わりがありません。しかしマーケットでは、取引金額の大きさによって投票権の大きさが参加者ごとに違っています。

　一般的には大きな金額を取引に注ぎ込める参加者は、より高度な技量と情報分析力をもっていると考えることもできます。また、同じ金額を動かせる参加者でも、より自信が強いときにより大きな金額を注ぎ込むでしょうから、参加者の自信の度合いによっても投票権には差がつけられていることになります。

　さらに、アンケート調査では、何らかの意図をもって虚偽の回答をする可能性を排除することができません。しかしマーケットでは、相場と逆方向に取引を行なえば経済的な損失を被るというペナルティが課され

るため、基本的には虚偽の投票を排除する仕組みになっています。

　ジョン・メナード・ケインズは、マーケットを、優勝者を当てれば景品をもらうことができる美人投票にたとえましたが、これはマーケットの特質の一部しか表現していません。マーケットの最も特徴的な点は、今指摘したように、予想を外せばペナルティを課されるということです。ですから、マーケットはしばしば「損失を被るかもしれない」という恐怖によって動かされます。

　杓子定規な表面的分析では合理的な将来予想を行なうことは困難ですが、マーケットでは、そうした表面的な分析では浮き上がってこない潜在的なリスクへの恐怖感が、ときとして相場を動かしていきます。ですから、そうした潜在リスクもまた、市場価格には織り込まれると考えられるのです。市場価格も一種のコンセンサスには違いありませんが、今まで述べてきたような特徴のおかげで、その弊害はかなり取り除かれていると考えられます。

　こうしてマーケットは、将来を予測するうえで、現実にある手段のなかでは最も優れた情報を提供していると考えられます。マーケットも人間心理によって成り立っている以上、どうしても限界はありますが、そうした人間心理を集約するうえで、マーケットは最も優れた仕組みなのです。すでに米国などでは、これを裏づける実証研究も盛んに行なわれています。

　たとえば、米国国防省がテロを予測するためにテロ先物の上場を検討したことすらありました。計画段階でマスコミに報道され、反対意見が寄せられたために計画そのものは断念しましたが、将来を予測するうえではマーケット方式がベストであるという考え方が、米国では広く浸透していることをうかがわせるエピソードです。

　また、大統領選挙などの予想についてもアイオワ電子マーケット（IEM）などで取引が行なわれています。このIEMが常に正しいとは限

図6-4 アイオワ電子市場（IEM）による2004米大統領選結果予想の推移

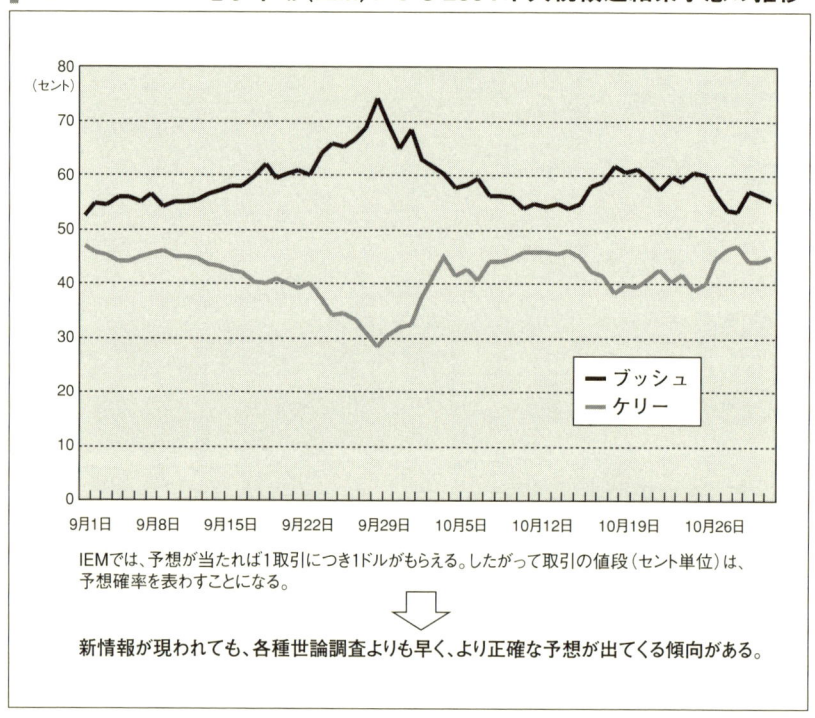

（グラフ：縦軸 セント 0〜80、横軸 9月1日〜10月26日、ブッシュとケリーの推移）

IEMでは、予想が当たれば1取引につき1ドルがもらえる。したがって取引の値段（セント単位）は、予想確率を表わすことになる。

⬇

新情報が現われても、各種世論調査よりも早く、より正確な予想が出てくる傾向がある。

りませんが、かなりの予測精度を誇っています（図6-4）[注3]。大統領選に関しては多種多様な世論調査が行なわれていますが、それらをコストをかけて収集し、時間をかけて子細に分析しても、この電子マーケットにおける価格情報ほど精密な予測を引き出すことは至難の業です。少なくとも、ただ一種類の世論調査をもとに予測をする場合に比べて、その精度の違いは歴然としています。

　IEMはアイオワ大学が研究目的に創設したマーケットです。将来予測のツールとしてのマーケットへの関心の高さが、こうしたところからもうかがえます。

　いずれにしても、「マーケットは間違えるものである」という考え方

に立って、保守性という人間心理のバイアスに身を委ねてしまうよりも、「マーケットは最良のエコノミストである」というところから出発し、その最良のエコノミストが犯しそうなミスを見つけることに全力をあげるほうが、はるかに効率的で有効です。これこそが、マーケット・アプローチの考え方なのです。

（注1）ここでいう"癖"とは、人間心理の一般的傾向ではなく、個人特有の心理的偏りを意味しています。たとえば、いつも相場を強気に見がちであるとか、弱気に見がちであるというような癖が個々の投資家には必ずあります。こうした癖は、その人の性格もさることながら、マーケットにおける過去の経験（とくに最初の経験）や、自らの言動（たとえば株価に強気な見通しを多くの人に公表してしまったため、状況が変わってきても引っ込みがつかなくなってくるなど）に引きずられて形成されていきます。
（注2）フレーミング効果の一種です。とくに言葉遣いの印象によって答えが変わってくる場合は、ワーディング効果などと呼んだりします。
（注3）世論調査の予測誤差が±3〜5％程度であるのに対して、IEMの過去の予測誤差は±1％以内といわれています。2004年大統領選の勝利者予想の推移を図6-4で示しています。

●テクニカル分析との融合

マーケット・アプローチでは、テクニカル分析もまた重要な役目を担います。

マーケット・アプローチとなるためにはマーケットから発せられるメッセージを見つけなければなりません。たとえば、予想に反した動きがマーケットで起これば、それは自らのシナリオがずれてきているか、あるいは今まで想定していなかった新しい流れが生まれつつある可能性を示唆します。

マーケットで大きな動きがあった場合、自分のシナリオを点検し直すことがマーケット・アプローチの重要な要素の一つです。そして、その動きが強いものであればあるほど、あるいは持続性があればあるほど、

それが重要なメッセージである可能性が高くなります。そうしたマーケットの動きの強さや持続力を見るうえで、テクニカル分析ほど優れた方法はありません。

マーケット・アプローチにおけるテクニカル分析は、それ自体が答えを出すものではなく、自分が今まで気がついていなかったことに気づくきっかけになったり、新しいシナリオをつくっていくうえでの出発点になったりするものです。ですから、チャート分析の教科書に書いてあるような決められたやり方にこだわる必要はなく、あくまでもマーケットと対話するためのツールとして、自分なりのやり方で使っていけばいいということになります。

また、テクニカル分析は、一般的にはファンダメンタルズ分析と対立する概念としてとらえられますが、マーケット・アプローチでは両者は対立しません。ファンダメンタルズ分析もテクニカル分析も答えを出すためのものではなく、あくまでもシナリオを考える材料であり、シナリオを検証するためのツールです。ですからテクニカル分析とファンダメンタルズ分析の両方をうまく使っていけばいいのです。

ファンダメンタルズ分析とテクニカル分析が無理なく融合したものが、マーケット・アプローチといってもいいでしょう。

キーファクター・アプローチの概要

相場の行方にとって何よりも大切なのは、将来における経済の変化分（増分）です。GDPがいくらになるかということよりも、その成長率が加速するのか減速するのかという変化が重要なのです。

そうした経済の変化分は、GDPを構成する経済の全側面、全要素を総合しなければわからないというものではありません。むしろ、全側面、

全要素を総合してしまうと、それぞれの予測誤差が折り重なって、変化分が曖昧になってしまいますし、各要素間の相互作用も見落としがちになってしまいます。変化を見るためには、変化を起こす少数のファクター（キーファクター）に焦点を絞って分析する必要があるのです。

　一般的にいえばGDPを構成する最大の要素は個人消費です。しかし、個人消費は景気に対する反応が鈍く、また安定的に消費される部分が大きいため、必ずしも先行きの変化を強く示唆する指標にはなりません。

　一方、設備投資は、GDPに占める割合は個人消費ほど高くなくても、景気に対する先行性があり、しかも変動が激しいので、キーファクターになりやすい指標といえます。ただし、GDP統計の設備投資項目となると、発表までのタイムラグが大きいため、より速報性があり、より先行性が強い指標、たとえば受注統計などがマーケットの注目を集めます。

　キーファクターは、あらかじめ決まっているものではなく、また伝統的なファンダメンタルズの分析項目であるとも限らず、状況に応じて、経済の将来の変化分に最も影響を与えそうなものが自然に浮上してきます。それは原油価格の動向であったり、中国経済の引締め政策による影響であったり、あるいは国際情勢や政治情勢であったりします。

　ランダムでないトレンドを生み出す情報は、少数の投資家から多数の投資家に時間をかけて伝わるものであると指摘しましたが、それだけでは十分ではありません。相場を動かすのはキーファクターなので、トレンドをつくる情報もキーファクターになりうるものでなくてはいけません。キーファクター以外の情報は、キーファクターの動きに飲み込まれたり、ときにまったく無視されたりします。

　こうした観点に立てば、すべての要素を総合して全体像をつかもうというスタティック・アプローチは、キーファクターから焦点をそらし、経済の変化分についての予測を曖昧にしてしまうことがわかるはずです（図6-5）。

図6-5 総合分析とキーファクター・アプローチ

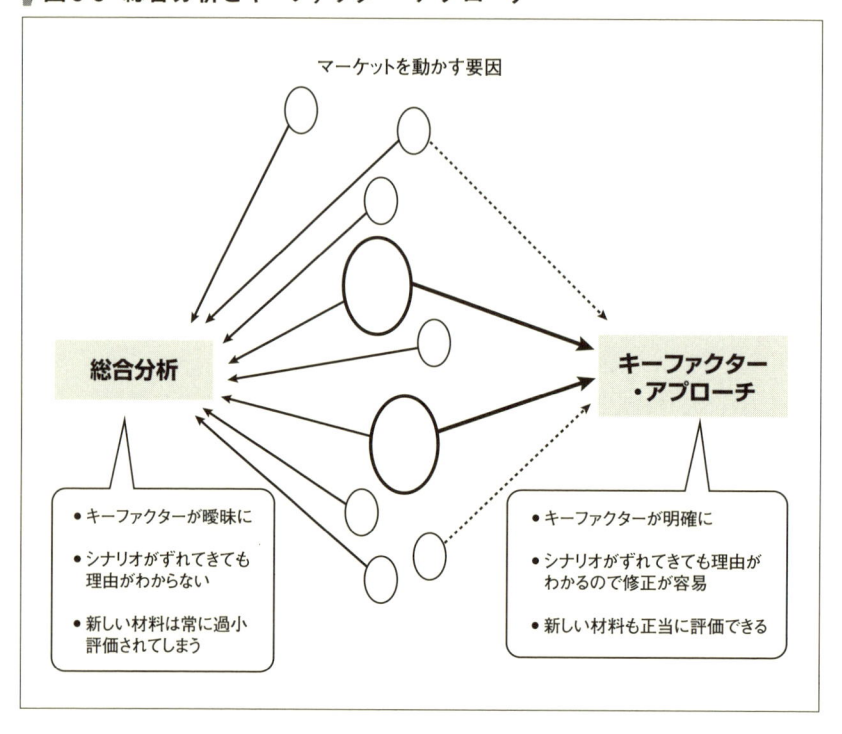

マーケットを動かす要因

総合分析
- キーファクターが曖昧に
- シナリオがずれてきても理由がわからない
- 新しい材料は常に過小評価されてしまう

キーファクター・アプローチ
- キーファクターが明確に
- シナリオがずれてきても理由がわかるので修正が容易
- 新しい材料も正当に評価できる

　今相場を動かしているキーファクターは何なのか、次にキーファクターとなりうるものは何なのか、ということをいち早く見つけ出し、そのキーファクターについて素早く集中的な分析をするのがキーファクター・アプローチで、これがダイナミック・アプローチの重要な構成要素となります。

　キーファクターには、専門外のことが多く出てくるはずです。国内のマーケットでしか取引していない投資家でも、そのマーケットのキーファクターはしばしば海外からやってきます。いくらこまめに国内経済のファンダメンタルズ分析を積み重ねても、米国経済や中国経済に大きな変化が起これば簡単に吹き飛んでしまいます。

図6-6 ファンダメンタルズ要因はマーケットの一部

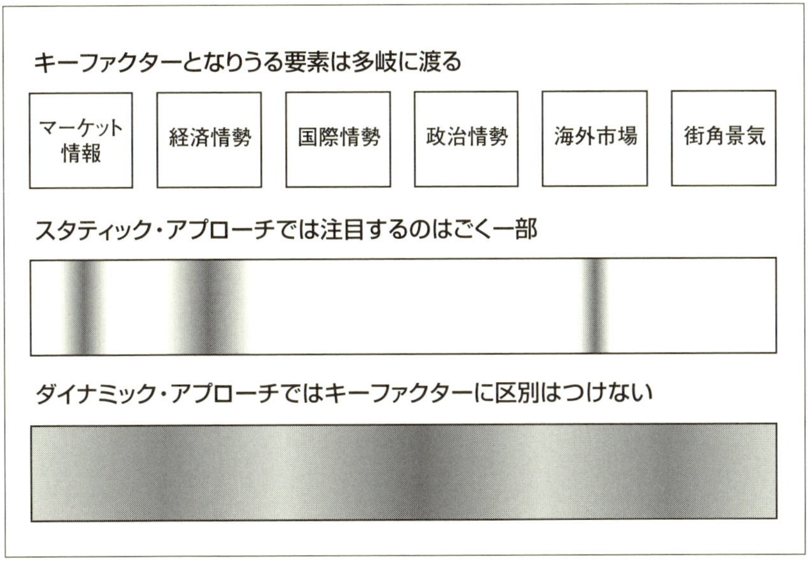

キーファクターとなりうる要素は多岐に渡る

| マーケット情報 | 経済情勢 | 国際情勢 | 政治情勢 | 海外市場 | 街角景気 |

スタティック・アプローチでは注目するのはごく一部

ダイナミック・アプローチではキーファクターに区別はつけない

　ですから、このキーファクター分析には、専門分野とそうでない分野という区別が本来はありません。専門外だろうがなんだろうが、相場を動かすものはキーファクターなのです。

　したがって、原油がキーファクターになれば原油の価格動向とそのインパクトを集中的に分析し、中国経済の行方がキーファクターになれば中国経済を集中的に分析することになります。

　そういう観点からすれば、投資に必要な知識としては、経済学の専門的な知識よりも、国際的、社会学的な幅広い知識のほうが有用ということになります。もっとも、それ以上に大切なのは、新しいテーマに対しても迅速かつ集中的に分析していける知的好奇心、知的探求心だといえるでしょう。

　スタティック・アプローチでは、対象となる国の経済分野以外の新しいキーファクターを分析の対象とはせず、ただの与件として扱う傾向が

あります。たとえば、政治動向については専門外なので、それがたとえキーファクターであっても無視してしまったり、あるいはおざなりの仮定をして分析の枠組みを制限してしまったりします。

キーファクター・アプローチでは、そうではなくキーファクターとなりそうなものは何でも分析に取り込んで、できるだけ分析に制約を設けないという姿勢をとります。もちろん、キーファクターのすべてを自らのものとして分析に取り入れるには、よほど広範な知識と経験が必要になるかもしれません。しかし、少なくともそうした姿勢をもつことで、より多くのキーファクターに対応することができるようになっていき、それに伴って有利な収益機会をとらえる可能性が高まっていくことになります（図6-6）。

仮説検証型シナリオ・アプローチの概要

将来は不確実性の霧に包まれていて、確実な予測など存在しないということからすれば、将来予測はすべて仮説として扱う必要があります。仮説というのは「キーファクターがこうなれば相場はこう動く」という条件つきの将来予測です。ですから、条件に応じて複数の予測が成り立つことになります。

もっとも、キーファクターは少数ですし、それがどう変化をするかという前提もあまり細かく細分化する必要はないため、仮説の数はそう多くはならないはずです。

また、キーファクターがどう変化をするか、その確率をある程度見積もることができれば、各仮説のおおよその確率を、あくまでも主観的な確率ではありますが見積もることができます。

最も確率が高いと考えられる仮説がメイン・シナリオで、次がサブ・

シナリオ、そしてサブ・シナリオを含めて自分の投資行動に最も大きなダメージを与えるシナリオがリスク・シナリオです。

こうしたシナリオは仮説ですから、新しい情報が入って来るたびに検証し直されることになります。

たとえば、「中国経済が引締め政策によってハードランディングに陥る可能性をＡ％と見積もり、その場合には株価はＢ％下がる」というシナリオがあったとします。その後、中国の株価指数が急反発したり、急激な経済の落ち込みを感じさせない経済指標が発表されたりしたときは、その新しい情報をもとにシナリオの蓋然性を見直していくことになります。

これが仮説検証型のシナリオ・アプローチです。

もちろん、あるキーファクターが変化するとマーケットはこう変化するというロジックが破綻して、シナリオをつくり直す必要が出てくることもあります。あるいは、新しいキーファクターが登場すれば新しいシナリオが浮上し、それに伴って重要度が薄れた古いシナリオが消えていくこともあるでしょう。

スタティック・アプローチでは、しばしば正解というか「これが正しい将来予測だ」というものが導かれます。しかし、不確実性を踏まえたシナリオ・アプローチでは正解はなく、あくまでも現在までに得られた情報のもとで蓋然性の高いシナリオとそうでないシナリオがあるに過ぎません。

経済指標は、スタティック・アプローチでは正解を導き出すための原データですが、シナリオ・アプローチではシナリオの蓋然性を検証するためのツールとして扱われます。

シナリオが、新しい情報が出てくるたびに修正されるあやふやなものでは心もとないかもしれませんし、わずかな追加情報でシナリオが大きく変わってしまうようではシナリオの意味はありません。ただ、こうし

▶ 図6-7 仮説検証型アプローチ

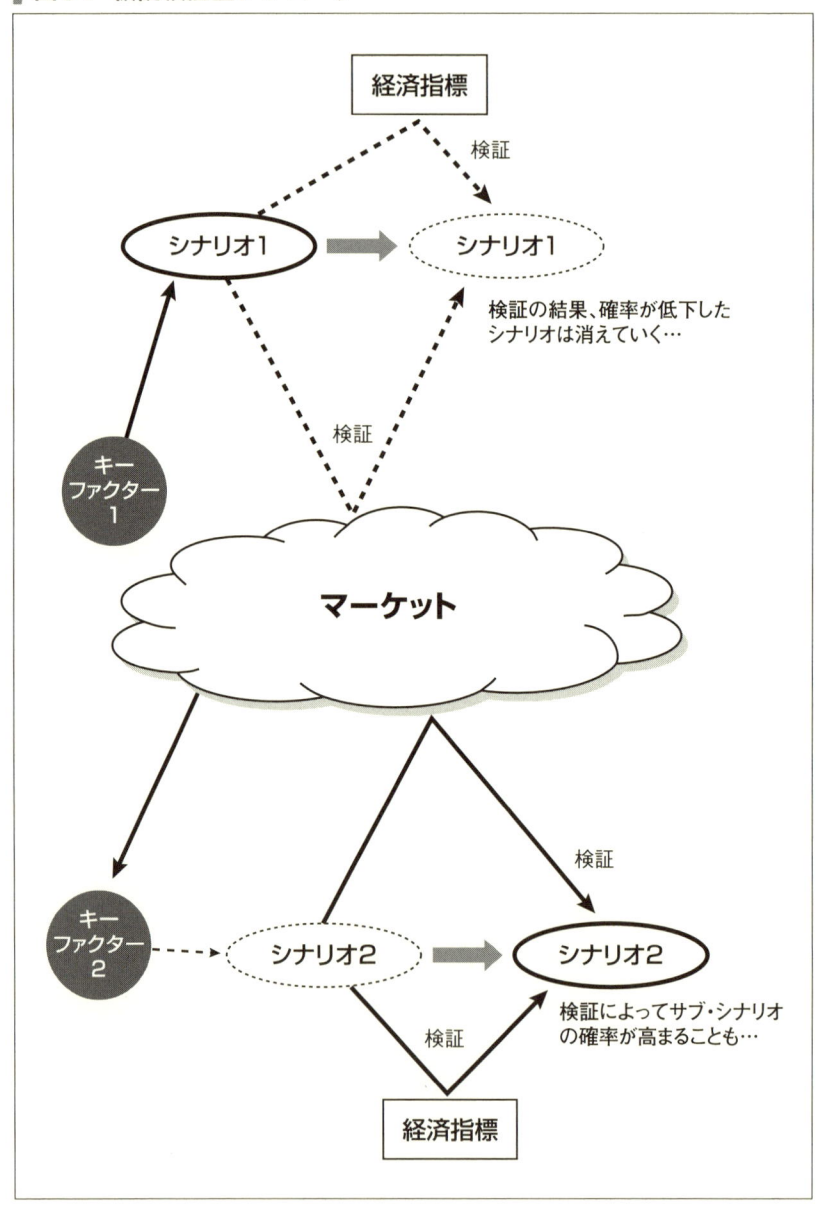

検証の結果、確率が低下した
シナリオは消えていく…

検証によってサブ・シナリオ
の確率が高まることも…

た仮説検証型のアプローチのみが、不確実性に対応できるものなのです（図6-7）。

ダイナミック・アプローチの伝道師

　ダイナミック・アプローチといっても、何か決められたやり方があるわけではありません。ただ人間はそのままでは将来を客観的に見つめることが難しい存在です。ですから、人間心理の保守性の束縛から離れ、マーケットで最も重要な意味をもつ変化分に焦点を当て、そして不確実性に対する柔軟性を備えるということが大切になってきます。そうした要素をもった分析スタイルを、ここでは「ダイナミック・アプローチ」と総称しているわけです。

　こうした分析スタイル自体は、かなり昔から存在していましたし、有力な投資家は、名称や定義はともかく似たような考え方をもっていました。しかし、こうした手法の有効性が認められるようになった背景には、一人の人物の存在が大きく関わっています。アラン・グリーンスパン米連邦準備制度理事会（FRB）議長です。グリーンスパン議長の分析手法は、まさにダイナミック・アプローチの特徴をあますことなく体現しています。

　グリーンスパン議長は、株価などのマーケット情報や、消費者信頼感指数などの"あやふやな"先行系の指標を重視し、常にシナリオを立てながらプリエンプティブ（先制的）な金融政策を実行することで知られます。もちろん、FRB議長の目的は金融政策の誘導ですから、一般の投資家とは目的が違いますが、経済に対する見方としてはすべての投資家に参考となるやり方です。

● ダイナミック・アプローチに基づく金融政策の発動

　グリーンスパン議長がFRB議長に就任したのは1987年8月のことでした。前任のポール・ボルカー議長以来のインフレとの戦いはまだ続いており、グリーンスパン議長も就任早々に利上げを行ないます。ところが、10月には"ブラックマンデー"として有名な株価の急落に見舞われます。

　世界の中央銀行の伝統的なやり方からすれば、株価の下落自体は中央銀行の管轄事項ではなく、それをもってただちに金融政策を変更するということにはなりません。少なくとも、株価急落の影響が経済指標で確認できて初めて行動を起こすというのが正統的なやり方でした。

　しかし、グリーンスパン議長にとっては、株価の急落は景気に大きなダメージを与える重要な要因です。そこで、経済指標に影響が現われるのを待つことなく、わずか2ヶ月間で3回、合計で0.75％の利下げをします。

　これは、グリーンスパン議長がマーケットから発せられたメッセージを極めて重くとらえるマーケット・アプローチの考え方をもっていること、そして経済指標などさまざまな情報を総合して確認がとれてから動き出すのではなく、株価の急落というキーファクターの動きを重視して行動を起こしたことを意味しています。

　この機敏な金融政策の発動によって、わずか1日で22.6％の下落という株価の急落にもかかわらず、実体経済への影響は最小限に食い止められました。ちなみに、この果敢な政策によって経済の混乱が静まると、今度は再びインフレ抑制に焦点を移し、再び利上げを開始しています。この早期の利上げへの移行は、バブルが日本ほどにはひどくならなかった大きな要因となりました。

　1990年代前半には、景気悪化と不動産価格の下落に伴う金融機関の不良債権問題が発生しました。ここでは、「不動産価格下落→不良債権増

加→金融機関経営悪化→信用収縮→実体経済への打撃」というシナリオのもとに、機動的な金融緩和政策を実施しました。3年間で6.75％という大幅な利下げを行ない、実質金利をほぼゼロ％近辺に据え置くというきわめて大胆なものでした。

　しかも、景気に回復の兆しが見えてきてもなお金融緩和を続け、金融機関の経営悪化問題に区切りがつくまで続けたのです。この政策が、日本と比較して不良債権問題が軽微にすんだ背景になっていることはいうまでもありません。

　こうした機動的で大胆な政策発動は、グリーンスパン議長が伝統的な分析手法よりも、キーファクターによるシナリオ・アプローチを重視していることを強くうかがわせます。

●グリーンスパンがもたらした投資家へのインパクト

　グリーンスパン議長の真骨頂は、1990年代後半に見ることができます。

　1998年、ロシアの経済危機を発端に、巨大ヘッジファンドであるLTCMが破綻するという出来事が起こりました。巨大投資家の破綻は、その投資家がもっているポジションの投げ売りによるマーケットの混乱を招き、それがほかの投資家の投資意欲を削いでマーケットの流動性が失われ、その結果お金の巡りが悪くなって信用収縮が起こり、実体経済にも大きなダメージを与えることになりかねません。

　このとき、グリーンスパン議長はマーケットの流動性をキーファクターととらえ、その流動性を測るためにマーケット情報を活用しました。

　同じような年限の国債は大体同じような利回りになるはずですが、マーケットに疑心暗鬼が募って取引が円滑に行なわれなくなると、取引しやすい銘柄とそうではない銘柄の間では利回り格差が大きく開いていきます。この利回り格差に注目し、これをマーケットの流動性、つまりマーケットが機能しているかどうかを測るツールとしたのです。

普通の投資家が注目することのないようなマーケット情報まで駆使し、世界不況が到来するというシナリオの蓋然性が高まっているかどうかをチェックしつつ、それを抑えるために計3回、合計0.75％の利下げを断行しました。
　マーケット情報を重視し、シナリオの蓋然性を常にチェックしつつ政策判断に生かすというのは、まさにダイナミック・アプローチそのものといえます。
　グリーンスパン議長といえば、生産性論争も有名です。生産性とは、単純にいえば、1人の労働者が一定の時間にどのくらい生産するかを表わしたものです。
　通常、景気がよくなって失業率が減り、設備などの稼働率が上がればインフレ率も上昇していきます。ですから中央銀行は、景気が良くなりすぎる前に金融政策を引締めて、インフレが昂進しないように行動することになります。しかし、もし生産性が持続的に向上しているとすれば、その分はインフレが相殺されるため、利上げを急ぐ必要はありません。
　当時、その生産性に関しては、コンピュータなどの情報通信技術の進歩により企業の生産性は改善しているはずであると考えられていましたが、現実の経済指標からはそれが確認できなかったため、「生産性のパラドックス」と呼ばれていました。
　しかしグリーンスパン議長は、企業収益のデータを綿密に分析した結果、生産性の統計とはつじつまが合わないことに気がついたのです。そして、「企業の収益率から見れば、生産性は大幅に改善しているはずだ」という仮説を立て、FRBの分析チームを総動員してこの仮説の検証を行なっていきます。
　そして、検証によってこの仮説の蓋然性が高くなっていくにしたがい、グリーンスパン議長は好景気にもかかわらず金融引締めのスピードを緩めていきました。その結果、景気拡大は続いて戦後最長の好景気となる

一方で、結局、懸念するほどのインフレは発生しないままで終わったのです。

こうしたグリーンスパン議長の登場は、以下の2つの点から投資家の分析スタイルに多大な影響を及ぼしています。

第一に、グリーンスパン議長がエコノミストとしての優れた見本を提供しているということです。その結果、多くの投資家がグリーンスパン流の視点や分析手法をとり入れるようになりました。

第二に、FRBの政策がダイナミック・アプローチに基づいた先制的なものになったために、投資家の側もダイナミックなアプローチをとり入れて"先制的"に動かなければ先回りができなくなってしまいました。

たとえば、長期金利は株価に遅れて動くものとされていましたが、金融政策の発動がより機動的になったため、以前と比べてそうした傾向は薄まり、すべてのマーケットが先回りして動く傾向を強めています。

そうした結果、ダイナミック・アプローチで金融政策を先導するグリーンスパン登場後のマーケットでは、それまでのスタティック・アプローチの有効性が失われ、ダイナミック・アプローチの必要性が必然的に高まっていくことになったのです。

難易度の高いミーン・リバージョン戦略

第3章で見たように、トレンドがいったん発生すると、人間はいったんこれを過小評価する（ギャンブラーの誤謬）のですが、トレンドが思いのほか強いものであれば、今度は過信状態へと移行します。

新たにそのトレンドに乗ろうとする投資家も出てくるでしょうし、逆のポジションをとっていた投資家は損切りを迫られます。それがトレンドを一層強いものにします。

一部の投資家が「そろそろ行きすぎだろう」と考えても、過信状態に入る投資家が他にいれば、そうした慎重意見は打ち消されてしまいます。この状態が続くと、トレンドは、いわば自己増殖的にどんどん延長していくことになります。

　これが極端な形で現われたのがバブルですが、たとえバブルにまで至らなくても、こうした自己増殖的なトレンドの継続は、マーケットでは頻繁に見られる現象です。

　そうした現象が起きると、当然、相場は本来あるべき水準から大きく乖離します。そして、伸びたゴムが元に戻るのと同じように自己増殖的に伸びていったトレンドもどこかで元に戻っていくことになります。これがミーン・リバージョン（中心への回帰）です。

　ミーン・リバージョンのとらえ方は投資家によって違います。狭義のミーン・リバージョンは、過去の平均水準へ相場が戻っていく現象です。ただ、過去の平均水準といっても、期間をどう取るかでその水準は変わってきますので、ここでは“あるべき水準”と大まかな定義をしておきましょう。

　このミーン・リバージョンを利用して収益を追求しようとする戦略は、多くの投資家にとって非常に魅力的なものです。マーケットの多数派の向こうを張って投資をし、成功すれば大きな収益が見込めます。まさに投資の醍醐味を存分に味わえるものといえるでしょう。

　しかし、“逆張り”投資全般にいえることですが、ミーン・リバージョン戦略は難易度の高い戦略です。

　まず、“あるべき水準”を探り当てること自体が至難の業です。しかし、戻るべき場所がなければミーン・リバージョンにはなりません。“あるべき水準”を厳密に算出することは不可能ですが、見当だけはつけていなければならないのです。

　次に、いつトレンドの行きすぎが終わってミーン・リバージョンが始

まるかという点に関しては、合理的な予測手段というものがありません。行きすぎがすぐに是正されてしまうこともあれば、バブルのようにかなり長い期間にわたって行きすぎ続ける場合もあります。

　一般に、人間はトレンドを過小評価しがちであることを考えると、ミーン・リバージョン戦略は長めのタイムスパンで投資し、しかもポジションを段階的に大きくしていくなどのテクニックが必要になってきます。

　ミーン・リバージョンが始まる瞬間をとらえて一気にポジションを積み増そうと考える投資家は多いのですが、それは不可能です。不可能なことのためにリスクを大きくすべきではありません。結局、損切りを迫られて、収益機会をみすみす逃してしまうことになりかねません。

　また、機関投資家に勤めるサラリーマン投資家であれば、コンセンサスにしたがって投資していれば言い訳しやすい一方で、逆張りで失敗すると言い訳しにくいために、こうした戦略にはより大きな精神的負担がかかるという面もあります。

　こうしてみると、この戦略は万人向けのものではなく、限られた局面で、限られた投資家にだけ適した戦略といえるかもしれません。

　実際に、「頭とシッポはくれてやれ」という相場格言があります。"頭"はミーン・リバージョン（の始まり）に相当し、"シッポ"はトレンドの行きすぎに相当します。この格言のとおり、ミーン・リバージョンは最初から狙わないという投資家も多いのです。

ランダムでないトレンドとミーン・リバージョンに適した投資家

　ランダムでないトレンドもミーン・リバージョンも、難易度はかなり高い投資手法です。ダイナミック・アプローチにしても、相場が戻っていく"あるべき水準"の推定にしても、そう簡単にできるものではありません。

　この2つの手法は、成功したときの収益性が非常に高いために、多くの投資家にとても好まれるものですが、それを成功させるためには非常に多くの要素が必要になってきます。

　とくにミーン・リバージョン戦略は、"あるべき水準"に対する信念の強さと、トレンドやコンセンサスに逆らう勇気が必要です。

　"あるべき水準"に関しては、ただの当てずっぽうでは信念のもちようがありません。当てずっぽうに固執することと信念とは違います。"あるべき"水準を推定するにはしっかりしたロジックや分析手法が必要ですが、それだけでは正解にたどり着けないので、最後は信念が求められるということなのです。

　また、コンセンサスに逆らうことは、精神的に激しい葛藤を呼び起こします。ミーン・リバージョンが実現するまでにはかなり時間がかかるのが一般的ですから、その間、その葛藤に耐え続けなければなりません。

　機関投資家に比べて個人投資家が不向きであるとはいえません。機関投資家は、ファンダメンタルズの罠やコンセンサスの誤謬に陥りやすいため、こうした戦略に向いていない場合があるのです。ただ、情報量や分析のための時間的余裕が不足しがちな個人投資家の場合は、天性のセンスのようなものがますます必要となってくるでしょう。

　こうした戦略に最も適しているのは、経験と才能に溢れた少数の専門家が大胆にポジションを取っていくスタイルの運用機関、たとえば一部

のヘッジファンドなどがそうだと考えられます。

重要性が高いリスク・プレミアム

　ランダムでないトレンドとミーン・リバージョンは、多くの投資家の憧れの投資手法ですが、それを用いて実際に収益を上げていくことは、かなり難易度が高いものであることを見てきました。
　そうすると、マーケットにおけるもう一つのプラスの期待収益源であるリスク・プレミアムの重要性が高まってきます。
　リスク・プレミアムは、すでに見てきたように、リスクを厭うという人間の心理構造から生まれてくるもので、リスクの高い投資対象ほど期待リターンそのものが高くなるという性質をもっています。
　この考え方は、プロスペクト理論から論証されるだけでなく、多くの実証研究がその存在を示唆しています。しかし、それもかかわらず、マーケットにはプラスの期待リターンは存在しないという効率的市場仮説の影響か、必ずしも広く認知されてはいません。
　それだからこそ、このリスク・プレミアムは一部の有力投資家の投資哲学を支える重要な要素になっています。
　バフェットの投資理論は突きつめていえば「大きなリスク・プレミアムを織り込んだ優良銘柄に長期投資せよ」ということですし、債券運用で有名な米国のピムコの投資哲学にも同様の考え方が色濃く反映されています。割安株や小型株、特定セクターに集中投資するタイプ、あるいはジャンク債や不良債権に投資するタイプの投資も、基本的にはリスク・プレミアムを追求する手法といえます。

リスク・プレミアムにおける分散投資の意味

　リスク・プレミアムには、宝くじを発行する国の例で見たように、十分なリスク分散ができれば収益化の確度が高くなるという特徴をもっています。逆にいえば、十分なリスク分散ができないと、博打性が高くなってプラスの期待リターンの存在が不確実性の霧に包まれてしまうことになります。

　たとえば、デフォルトの可能性が1％あり、その際には社債価格がゼロになってしまうB社の社債が、0.5％のリスク・プレミアムを織り込んで1.5％のクレジット・スプレッドで取引されているとします。この社債への投資は、B社がデフォルトしなければこの1.5％のクレジット・スプレッドを丸取りできますが、もしデフォルトすれば全投資金額を失い、リスク・プレミアムは簡単に吹き飛んでしまいます。

　つまり、B社債への単独での投資では、B社がデフォルトするかどうかが決定的に重要なのであって、その際、わずか0.5％のプラスの期待リターンの存在はほとんど意味を成しません。

　しかし、多数の社債に投資をした場合はどうでしょうか。たとえばB社債と同じデフォルト確率をもつ10銘柄の社債に投資をしたとします。この場合、10社全部がデフォルトして投資金額全額が失われる確率はほぼゼロとなります[注1]。注意しなければならないのは、B社債への単独投資の場合、損失を被る確率は1％ですが、10社への投資の場合、損失を被る可能性そのものは9.6％になります。

　100社への投資だとすると投資元本の10％以上の損失が発生する確率がほぼゼロとなる一方で、損失を被る可能性そのものは26.4％に跳ね上がります[注2]。

　しかし、分散投資をすると損益の幅が狭まることによって、0.5％の

図6-8 リスク・プレミアムは確率の中に浮かび上がる

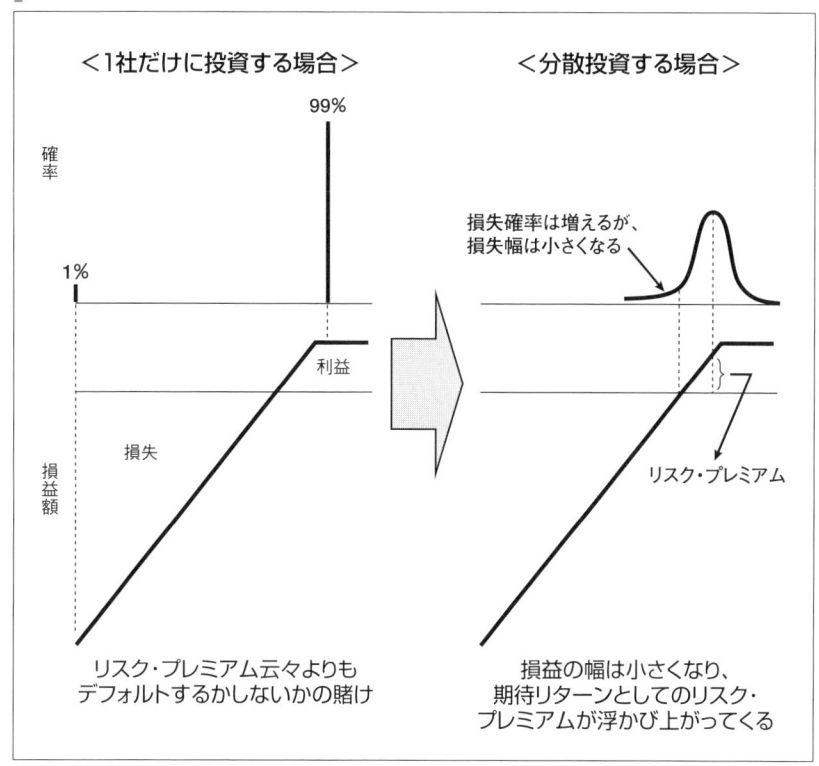

＜1社だけに投資する場合＞

確率／損益額

99%
1%
利益
損失

リスク・プレミアム云々よりもデフォルトするかしないかの賭け

＜分散投資する場合＞

損失確率は増えるが、損失幅は小さくなる

リスク・プレミアム

損益の幅は小さくなり、期待リターンとしてのリスク・プレミアムが浮かび上がってくる

プラスの期待リターンの重要性が増し、徐々に浮かび上がってくるのです。つまり、リスク・プレミアムとは、十分な分散投資をして初めて浮かび上がってくるものであり、そうでなければ偶然性に左右される部分が大きくなって目立たなくなってしまいます（図6-8）。

一方、期待リターンがプラスでなければ分散投資の意味は失われます。

たとえば、期待リターンがマイナスのものに分散投資していっても、わざわざ負けを確定するようなものです。また、期待リターンがゼロのものに分散投資する場合は、これはもともと博打であり、その博打性を薄めるだけの効果しかありません。

したがって分散投資の有効性は、分散投資する対象がプラスの期待リターンをもつときにのみ発生するわけですが、その場合でも分散投資は万能ではありません。
　まず、先ほどの簡単な計算では、分散投資する各社債のデフォルトは他の社債のデフォルトに影響を受けず、まったく独立して発生すると仮定していました。しかし現実には、ある社債がデフォルトするときはそれなりに景気が悪いときである可能性が高く、そうすると一般的には他の社債もデフォルトする確率が高くなると考えられます。つまり、それぞれが独立していないのです。この依存関係、すなわち相関が強くなればなるほど、分散投資の効果は薄れていきます。
　分散投資に関して、もう一つ重要と思われることがあります。
　今までの例では、リスク・プレミアムが0.5％と比較的小さいものを対象として見てきました。しかし、リスク・プレミアムが10％とか20％という非常に大きなレベルの投資対象があった場合はどうでしょうか。
　こうした対象は、マーケットには一般的な形ではあまり存在しません。しかし、不良債権投資などでは、こうした対象が存在するときもあります。さらに、バフェットのいう割安優良銘柄も、やはりリスク・プレミアムがかなり大きい銘柄のことだと思われます。
　こうした大きなプラスのリスク・プレミアムをもつ投資対象は広く存在しているわけではないがゆえに、他の投資対象とともに分散投資してしまうと、せっかくの高い期待リターンが薄まってしまいます。ですから、こうした分厚いリスク・プレミアムに注目して投資する場合は、あまり分散投資をしないほうが利益率そのものは高くなるのです。

（注1）ここではとりあえず、10社のデフォルトが独立して起こる、つまり相互に相関していないという前提で話を進めています。相関している場合につい

ては後段で説明しています。
(注2) さらに分散を進めていくと、リスク・プレミアムがプラスならば、やがて損失の確率は再縮小していき、そしてゼロに近づいていくようになります。

リスク・プレミアムの測定

　リスク・プレミアムを獲得することによって期待リターンを高めるという投資手法は、期待リターンがプラスであるか、すなわち正のリスク・プレミアムが織り込まれているかどうかが判断できる、という前提のもとに成り立っています。
　ここに、このリスク・プレミアム最大の難問が存在します。リスク・プレミアムを正確に算出するやり方は存在しないのです。しかし、正解が存在しないからといって素通りしていてはマーケットで勝つことはできません。自分なりの分析手法や勘所を押さえておくことが非常に重要になります。

● 社債の場合

　社債の場合は、その企業がデフォルトを起こす確率と、デフォルトを起こしたときの損失率が決まればリスクに見合うクレジット・スプレッドが計算できます。しかし、デフォルトを起こす確率とそのときの損失率は、正確にはわかりません。
　ただ、債券には格付がついていて、格付会社が格付ごとのデフォルト率や損失率を公表しています。これらの情報から、「この格付の債券ならどの程度のクレジット・スプレッドで取引されれば割に合うか」というだいたいの見当をつけることができます。そのほか、株価からデフォルト確率を推計する数学的なモデルもあります。
　どれも絶対的な手法ではありませんが、さまざまな分析手法を使って、

大体のイメージをあらかじめつかんでおくことが必要です。また、個々の社債のデフォルト確率を正確に見積もることは困難でも、多数の銘柄に分散投資をすることで個々の予測誤差が薄まるという効果を期待することもできます。

● 株式の場合

株式の場合は、PER（株価収益率）の中にリスク・プレミアムが含まれていると考えることができます。

最も単純な株価モデルとしては、以下のものが考えられます。

　　株価＝EPS／($r+p-g$)
　　　EPS： 1株当たりの当期利益
　　　　r： 長期（国債）金利
　　　　p： リスク・プレミアム
　　　　g： 利益成長率

この場合、PERは$1/(r+p-g)$となります。しかし、g、すなわち利益成長率が正確にはわからないため、やはりリスク・プレミアムの量を特定することはできません。

この単純なモデルからうかがえることは、PERは利益成長率によってレベルが変わってくるため、単純な比較ができないということです。しかし、同程度の成長力をもっていると推定される企業を並べてみれば、PERが低い株ほどリスク・プレミアムを多く含んでいると考えることができます。

したがって、リスク・プレミアムを見つけ出す一つのやり方は、同様のカテゴリー、同程度の成長ステージに属すると思われる銘柄同士でPERを比較検討することです。

ただし、この方法だと相対的なリスク・プレミアムの大小を見つけ出せても、果たしてそれが本当にプラスなのかマイナスなのかはわかりません。それを知るには、やはり利益成長率の見積もりをして、リスク・

プレミアムの水準について見当をつけていくことが必要になります。

リスク・プレミアムの周期性

こうしたリスク・プレミアムには強い周期性があります。

リスク・プレミアムは人が嫌がることの対価ですが、リスク・プレミアムによって高いリターンがもたらされる局面が続くと、多くの投資家がそれに注目し、やがて積極的な投資姿勢に転じていきます。人間には、当初は過小評価していたものがいい成績を残し始めると、どこかの時点で逆に過信状態に転換する傾向があったことを思い起こしてください。

そして、リスク・プレミアムは決して正確に測ることができないという性質が、この過信状態に拍車をかけることになります。

バブルというのは、リスク・プレミアムの観点から見ると、本来プラスになるはずのリスク・プレミアムが剥げ落ちたり、マイナスの状態になったりすることをいいます。そうした状態になってしまうと、リスク・プレミアムはもはやプラスのリターンをもたらすものではなくなります。一般に、このような状態のときに、企業の破綻や景気後退などの出来事が重なるとバブルははじけます。

リスク・プレミアムは、こうした周期を繰り返しています。これもまたマーケットの基本構造であり、摂理といっていいでしょう。そして、いったんバブルがはじけ、少なからぬ投資家が痛手を被るからこそ、リスク・プレミアムは不死鳥のようによみがえるのです。

一方、相場の大きな反落局面がないと、リスク・プレミアムはどんどん縮小していく傾向をもちます。しかしそれは、手痛い打撃を被る局面の到来を先送りしていることにほかなりません。

したがって、たとえば極度の金融緩和やセーフティネットの構築、あ

▶ 図6-9 リスク・プレミアムのサイクル性

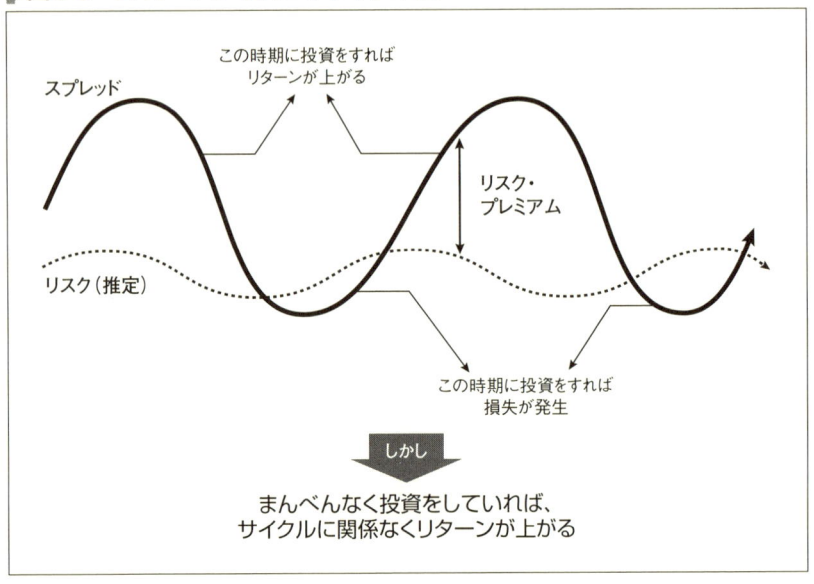

スプレッド

この時期に投資をすれば
リターンが上がる

リスク・
プレミアム

リスク（推定）

この時期に投資をすれば
損失が発生

↓ しかし

まんべんなく投資をしていれば、
サイクルに関係なくリターンが上がる

るいは頻繁な政府の介入によって、マーケットを人為的に支え続けていけば、リスク・プレミアムの縮小が続いて、いつかは急反落せざるを得ないという構造を抱え込んでいくことになってしまいます。

　さて、こうした強いサイクル性があるため、リスク・プレミアムに投資する場合は、今がサイクルのどのあたりに位置しているかを判断することがとても重要になります（図6-9）。

　繰り返しになりますが、リスク・プレミアムは人が嫌がることの対価です。あまり精神的な拒否感を感じないような環境であれば、それはすでにマーケット全体が過信状態に入っている危険性を示唆します。とくに、メディアなどで大々的に特集されるようなブーム的な局面になっていれば、まずは警戒することから始めるほうが安全といえましょう。

　しかし、こうしたサイクルに関しても、いつどのようにサイクルが反転するのかを前もって予想することは非常に難しく、正確な予想など不

可能です。

リスク・プレミアムにおける長期投資の意味

ここで、リスク・プレミアム投資の大きな特徴が活きてきます。

リスク・プレミアムのサイクルを予想することは困難ですが、リスク・プレミアムにまんべんなく投資を続ければ、1サイクルを乗り越えたところではかなりの確率で利益を残せるということです（図6-9）。

長期投資というのは、サイクルを当てるのではなく、地道にリスク・プレミアムに投資を続けることでサイクルにかかわりなく利益を残そうというやり方を意味します。ですから、長期投資の長期とは、少なくとも1サイクル以上ということになります。

しかし、今度は1サイクルがどのくらいの期間なのかという問題が残ります。

景気循環でいうところの短期循環（在庫循環ともキチンサイクルともいいます）はだいたい3～5年程度です。相場にもこの期間に該当する波動のようなものが、大雑把には確認されます。したがって1サイクルの最低期間はおおむねこのくらいといえるでしょう。

ただしこの短期循環は、サイクルごとの個別性が強く、完全な循環とはなりにくいといえます。たとえば、1990年以降の日本の株式市場では、こうした短期循環に相当すると思われる波動を描きながらも、傾向的には13年間も下がり続けました。

もっと長い景気循環としては、中期循環（設備循環、ジュグラーサイクル）が10年程度で起こるといわれています。さらに25年程度のより長い循環（建設循環、クズネッツサイクル）があり、長期循環として有名なコンドラチェフサイクルになると50～70年程度という長さになり

ます。

　このように1サイクルといっても期間はさまざまで、したがって長期投資の長期もさまざまということになります。ただし、一般に長期投資という場合、一般的な投資の時間的感覚からいえば、かなり長くなるのが普通です。長期投資で有名なバフェットの場合、それは10年、20年単位と考えられています。

　リスク・プレミアムを実現する長期投資とは、かくも気の長いものでもあるのです。

◉ リスク・プレミアム投資に適した投資家

　リスク・プレミアム投資に向いているのはどんなタイプの投資家でしょうか。不良債権などに投資する一部ヘッジファンドでは、大きなリスク・プレミアムがあるものに集中的に投資をするというスタイルで、一般に高いリターンを実現しています。

　個人投資家にとっても、割安であると信じられる銘柄をじっくりと探し、長いスパンで投資することでリスク・プレミアムを享受することができます。大きなリスク・プレミアムがある銘柄は分散投資をする必要性が薄いため、こうしたバフェット型の手法は個人投資家に向いているといえるでしょう。

　大手の機関投資家の場合は、分散投資によるリスク・プレミアム戦略に適しています。大手機関投資家では比較的短期間で運用成績を上げることが求められますから、あまり長い期間の長期投資はできません。それでも、3～5年程度のサイクルを睨んだリスク・プレミアム投資をしていけば、ファンダメンタルズの罠などに引っかからずに勝てる確率を高めることができます。

とくに分散投資によるリスク・プレミアム戦略は、大量の銘柄をチェックしたり管理したりする必要があるので、情報収集や分析のためのインフラが充実していることが必要になります。そうしたところは、大手の機関投資家だからこそ実現できる分野です。

実際のファンドなどでも3〜5年以上のスパンで見れば、こうした戦略に属するとみられるバリュー株運用や事業債運用などが総じて好成績を残す傾向があります。

ただ一般的に、大手の機関投資家は、自らのメリットを最も活かせるこうした戦略に特化せず、トレンドやミーン・リバージョン戦略に注力する傾向があります。

もっとも、大手の機関投資家がリスク・プレミアムに集中的に特化してしまえば、リスク・プレミアムは限りなく縮小し、プラスの期待リターンが存在しない効率的市場に近づいてしまうかもしれません。

投資の王道、アービトラージ

期待リターンをプラスにできると考えられる投資手法には、もう一つ重要なものがあります。それがアービトラージです。

これは、マーケットに生じる歪みを収益化しようという手法です。一口にアービトラージといってもさまざまなバリエーションが存在しますが、この手法は期待リターンをプラスにするための最も直接的な手法です。高度な分析テクニックとインフラが必要なため、一般には最も馴染みが薄いかもしれませんが、恐らく最も優れた投資手法であり、投資の王道といっても差し支えないでしょう。

アービトラージにはさまざまなタイプのものがありますが、本来はリスクなしで収益を上げることを意味します。こうした純粋なアービトラ

ージ機会は、マーケットではごく小さなものがごく短期間に存在するだけです。

　しかし、アービトラージの定義をやや緩めて、少しのリスクで収益が見込める機会となると、マーケットにかなり存在するようになります。さらに、リスクはかなりあるけれども、そのリスクを大きく上回る収益が期待できるというようなタイプのアービトラージもあります。

　以下、いくつか例をあげて見ていきましょう。

＜国債アーブ＞

　米国でも日本でも、一口に国債といっても非常に多くの銘柄が流通しています。それらの銘柄は、同じ発行体（国家）が発行する債券ですから、それぞれの価格が非常に強い関連性をもちます。

　たとえば、残存7年、7.5年、8年の国債があるとすると、この3つの国債の利回りはほぼ直線（通常はわずかに膨らんでいます）に近い形になるはずです。しかし、マーケットの需給や特殊要因によって、必ずしもそうはならないことがあります。

　たとえば、債券先物の受渡しに使われる債券は、先物市場の価格変動に大きな影響を受け、他の国債よりも大きく価格変動することがあります。こうした価格の歪みを、相場全体の方向には影響を受けない形で収益化していきます。もし、7.5年の国債の利回りが想定されるよりも低くなっている場合、まずは、この国債を空売りします。しかし、それだけでは相場全体が上がった（金利が下がった）ときに損してしまうので、その影響が排除されるように前後の7年債と8年債を買っておきます。

　こうしたオペレーションによって、価格の歪みだけを収益化できるのです（図6-10）。

　こうした国債アーブは、通常、きわめてリスクの低いアービトラージですが、それゆえに得られる収益もわずかです。そのため、取引金額を

図6-10 国債アーブの例

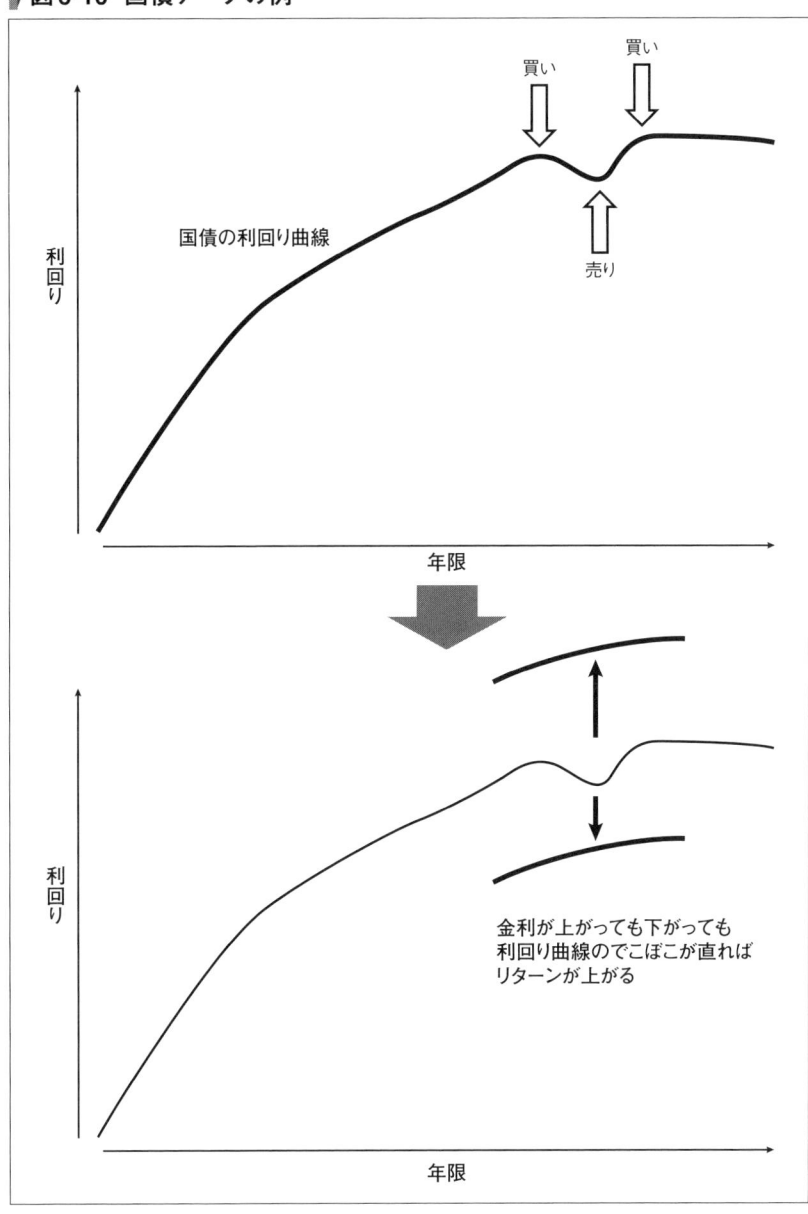

国債の利回り曲線

買い
買い
売り

利回り
年限

金利が上がっても下がっても
利回り曲線のでこぼこが直れば
リターンが上がる

利回り
年限

第6章　マーケットにわずかに存在する期待リターンの源泉と投資手法

大きく膨らませてレバレッジをかけるのが普通です。

また、わずかな収益機会を正確にとらえなければなりませんので、金融工学を駆使した精密な利回り計算やリスク計算も求められます。

そのほか、国債が入札されるときに発生する価格の歪みを狙う入札アーブや、もう少しリスクが大きいタイプのアービトラージもあります。

＜先物アーブ＞

先物と現物の価格差に注目してアービトラージを行なう手法です。

例として、日経平均先物について見てみましょう。

日経平均先物は、実際の日経平均株価指数に近い値段で取引が行なわれています。先物価格と実際の指数の間には理論的な関係式が成り立っていますが、マーケットのそのときどきの需給によってその理論式から乖離して変動することがあります。

たとえば、先物価格が実際の指数から計算されるよりも割高になっているのであれば、指数を構成する株式を買い、先物を売り建てます。そして、先物価格の割高さが解消されれば、そのポジションも解消します。

この取引も、相場全体の方向性には影響を受けずに、指数と先物の価格の間にある歪みを収益にしていく手法です。ただし、瞬間的に価格計算をし、大量のオーダーを出さなければならないので、コンピュータシステムなどのインフラ整備が求められます。

先物アーブにもいろいろなパターンがあり、たとえば特定の銘柄群を買って先物を売るなど、銘柄選択に重点を置いた、ややリスクの高いものもあります。

先物アーブは、株式以外の対象でも行なわれます。

＜国債・非国債アーブ＞

スワップ金利や、政府機関債、米国のエージェンシー債などは、国債

と並んでマーケットで活発に取引されており、しかも信用リスクがほとんどないため、だいたい同じような水準（国債を若干上回る利回り水準）で、同じような変動をします。

　それでもマーケットですから、需給の状態によって、たとえば、スワップ金利が国債金利との比較で高くなりすぎたり、低くなりすぎたりすることがあります。そういう場合に、利回りが相対的に高くなりすぎたものを買い、低くなりすぎたものを売れば、やはり金利全体の方向に関係なく価格の歪みの修正によって収益を上げることができます。

　こうしたアービトラージは、リスクがかなり限定されていますが、これらの金利差は、金融政策の緩和度合いなどによって影響を受けることがありますので、若干の方向性リスクを含んでいることになります。そういう意味では、アービトラージ性はやや薄れているといえます。

＜他国債アーブ＞

　たとえば、米国債とドイツ国債は非常に強い相関関係をもって動いています。日本国債はそれほどではありませんが、それでも米国債に対する明確な相関性があります。世界中の国債マーケットは、米国債を中心にしてかなり連動して動いているのです。

　とくに強い相関をもつ米国債とドイツ国債で見れば、両者の金利差はやはりかなり安定した関係をもちます。ここでも、マーケットの一次的な需給によって、利回りが相対的に高くなりすぎたものを買い、低くなりすぎたものを売るというアービトラージが可能です。

　しかし、米国債はドイツ国債よりも金利変動が大きいという性質もあります。米国債の金利が下がるときは、ドイツ国債の金利も下がることが多いのですが、その下げ幅は通常小さくなります。その逆もまた然りです。ですから、両者の金利差は、米国金利の方向性に影響を受けることになります。そうした点では、アービトラージ性は少し薄れ、トレン

ドの要素が入ってくるトレードとなります。

＜同発行体アーブ＞
　企業は、エクイティ（資本）とデット（債務）によって資金を調達します。実際の調達手段としては、エクイティからデットに向かって見ていくと、普通株式、優先株、優先証券、永久劣後債、劣後債、普通社債といくつかの種類に分かれます。また、普通株と普通社債を組み合わせた転換社債やワラント債（新株引受権付社債）も存在します。
　こうした各種の証券は、発行体が同じ企業であれば、理屈の上では相互に密接な関連をもって価格が動くことになります。
　しかし多くの投資家は、たとえば社債なら社債だけ、株ならば株だけというように、対象となる証券の種類を限定して投資しているため、これらの関連している各種証券の価格が理論的な関係から大きく乖離してしまうことがあります。
　こうしたデット・エクイティにまたがるアービトラージ機会は、投資家行動の縦割り意識が強いマーケットほど、多く存在していると考えられます。
　このタイプのアービトラージでは、たとえば、普通社債と劣後債、あるいは普通株と優先株といったカテゴリー上で隣り合っている証券の価格差を見て、割安なほうを買い、割高なほうを売るという形で行なわれます。
　また、転換社債（CB）については、転換社債を買って普通株を空売りするという手法がよく使われていて、CBアーブと呼ばれます。
　さらに、企業が経営危機に陥るなどの特殊なケースでは、普通株と普通社債がまったくバラバラの価格になってしまい、大きなアービトラージ機会が発生することもあります（図6-11）。

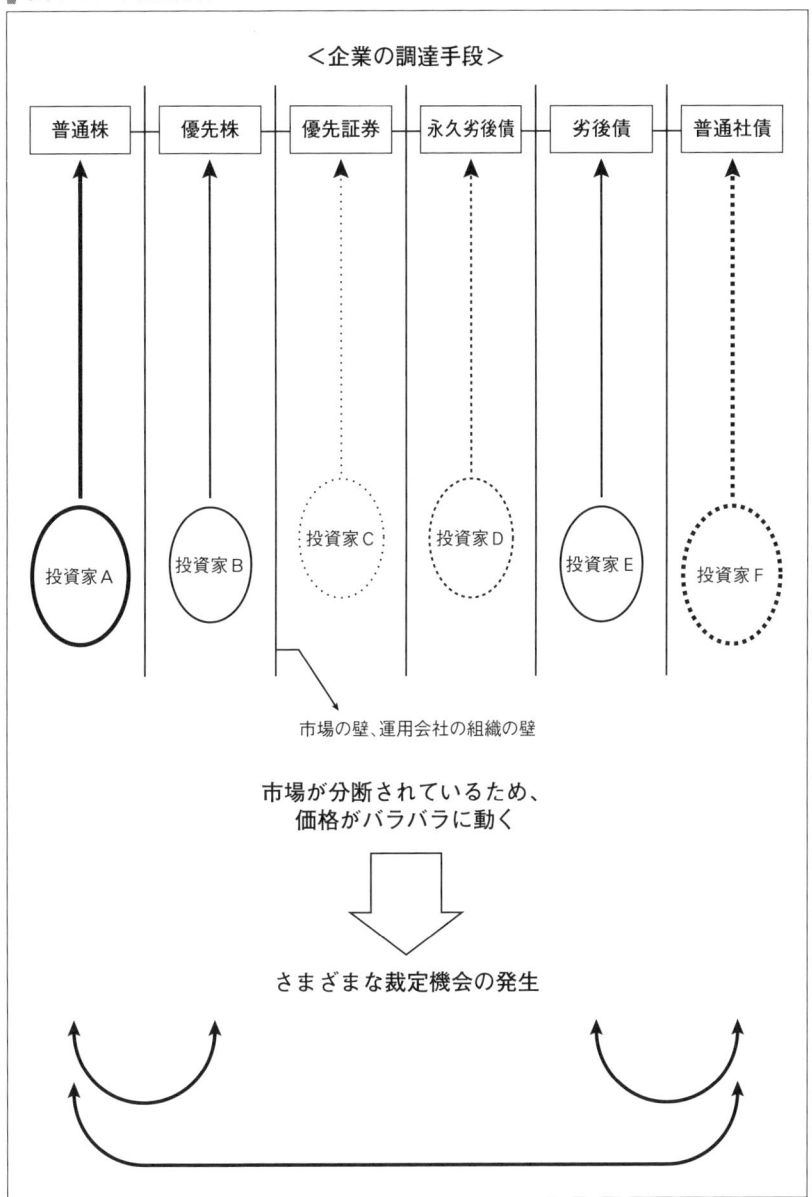

図6-11 同発行体アーブ

＜企業の調達手段＞

| 普通株 | 優先株 | 優先証券 | 永久劣後債 | 劣後債 | 普通社債 |

- 投資家A → 普通株
- 投資家B → 優先株
- 投資家C → 優先証券（点線）
- 投資家D → 永久劣後債（点線）
- 投資家E → 劣後債
- 投資家F → 普通社債（点線）

市場の壁、運用会社の組織の壁

市場が分断されているため、価格がバラバラに動く

⇓

さまざまな裁定機会の発生

＜異種発行体アーブ＞
　たとえば、A社株を買い、その同業者のB社株を空売りするというようなトレードです。こうした単純な形態は、とくにペアトレードと呼ばれます。それ以外にも、いろいろなバリエーションがあります。たとえば複数の銘柄を買って別の複数の銘柄を売るロング／ショートタイプがあり、そのなかでも相場全体の方向性の影響を限りなく抑えたものをマーケット・ニュートラル・アービトラージといいます。

　株式はマーケットで非常に多くの銘柄が取引されています。投資家も多様です。一人の投資家がすべての銘柄をきめ細かく分析し、その動きを追い続けることは困難です。どうしても海外投資家が好む銘柄、大手機関投資家が好む銘柄、個人投資家が好む銘柄、仕手銘柄、誰にも見向きもされない銘柄などに分かれてしまいがちです。

　すると、そうした投資家層の違いから、価格の形成原理も必ずしも整合性のとれたものではなくなってきます。こうした巨大で多様性に富むマーケットほど、アービトラージ機会は豊富だと考えられます。もっとも、株価のアービトラージ機会は、金利のアービトラージに比べて厳密に測定できるものはあまりありません。

　こうした異種発行体アーブでは、株式だけでなく債券などでも可能です。通常、債券（社債）は空売りが難しく、かつてはこうしたアービトラージが困難でしたが、クレジット・デリバティブの発展により、容易にアービトラージが行なえるようになってきています。

＜マクロ・アーブ＞
　このアービトラージは、たとえば日経平均先物を買って、日本国債先物を売るといった取引です。景気の実態から見てマーケットが悲観的になりすぎていると判断されれば、株価は割安で、債券は割高ということになります。

ただ、こうした取引は、基本的にマクロ経済の方向性に対するシナリオに基づいて行なわれます。アービトラージといっても、本来のアービトラージ性はかなり薄れ、トレンドを複数組み合わせたトレードと見るほうが正確です。

　通常は、特定のマーケットだけでなく、世界中を見渡し、いくつもの対象を選んで複雑に組み合わせます。とくにそうした手法はグローバル・マクロと呼ばれています。

＜リスク・アーブ＞
　企業の合併・買収に際して発生する価格の歪みを狙うものです。
　A社がB社を買収するという情報をいち早くつかんでB社株を買い、A社株を空売りするというのが基本的パターンです。もちろん合併・買収にはリスクがつきものです。結局、白紙撤回されてしまったり、第三者が買収合戦に参入してきたりします。法的なトラブルがもち上がることもしばしばです。

　性格としてはアービトラージ性は強いのですが、白紙撤回というリスクがあるために、リスクはかなり高めです。しかし、こうしたときには株価は大きく動きます。うまくチャンスをとらえることができれば、非常に大きな利益を上げることも可能です。

アービトラージ戦略に適した投資家

　アービトラージは、もともとリスクなしでリターンを得る行為ですが、現実のアービトラージには多かれ少なかれリスクがつきまとうのが普通です。ただ、リスクに比べてリターンはかなり高くなります。
　マーケットではプラスの期待リターンを見出すこと自体が困難ですか

ら、アービトラージの期待リターンの高さはまさに特筆すべきものです。
　こうした手法には、高度な情報収集・分析のためのインフラ、豊富な経験、機動的かつ迅速な意思決定が必要です。したがって、そうした条件を兼ね備えたヘッジファンドタイプの投資家がアービトラージには圧倒的に有利といえるでしょう。
　大手の機関投資家や個人投資家にとっては、そうした条件を整えることはなかなか困難です。
　大手の機関投資家では、マネジャーがマーケットごとに分かれる専担主義をとっており、アービトラージ機会をとらえるのには向いていません。また、機動的で迅速な意思決定という点でも、ヘッジファンドとは比べるべくもありません。ですから、アービトラージ機会をとらえるためには、機関投資家自身がヘッジファンドに投資するというのが一番手っ取り早い方法です。
　ただし、機関投資家の通常の運用に、アービトラージ的な発想や手法をとり入れていくことは可能です。
　一方、個人投資家では、アービトラージに必要な情報／分析インフラを整えることはまず不可能でしょう。また、一部の富裕投資家層を除けば、ヘッジファンドに投資できる機会もあまりないと思います。ただ、アービトラージ的な発想、投資手法をとり入れること自体は可能です。
　また、ABS[注]などは商品そのものにアービトラージ機能が組み込まれています。ただ、ABSなどで個人投資家向けに販売されているものはあまり多くはありませんし、あったとしても手数料などでせっかくのアービトラージ収益が失われてしまうこともあります。
　こうした商品が、個人投資家にも投資しやすいように設計されるようになれば、個人投資家の投資対象に有力な選択肢を加えることになるでしょう。

（注）Asset Backed Securitiesの略で、資産担保証券と呼ばれます。文字どおり特定の資産を担保として発行される債券で、通常、格付の高い債券と格付の低い債券に分けて発行されます。これを優先劣後構造といいます。この優先劣後発行により、発行される個々の債券は格付（リスク）に比べて利回り（リターン）が高くなる効果があります。これをレーティング・アービトラージと呼びます。

ヘッジファンドに見る勝ち組の投資手法

　ここまで、マーケットにわずかに存在するプラスの期待リターンを得るためには、(1)ランダムでないトレンドもしくはミーン・リバージョンにフォーカスを当てる、(2)リスク・プレミアムにフォーカスを当てる、(3)直接的に価格の歪みをとるアービトラージを行なう、という3つの基本パターンがあることを示しました。
　一般に、大手機関投資家が運用する"伝統的"な運用手法は平均的にみるとマーケットには勝てない一方で、"非伝統的"といわれるヘッジファンド（注）は概して好成績を収める傾向があります。
　これは、ヘッジファンドは人数的に小規模な運用会社が多く、資金を集めるには優秀なファンド・マネジャーが運用していることがキーとなるため、大手の機関投資家よりも優秀なマネジャーが就く可能性が高いということもあるでしょう。
　しかし、もっと根本的なところでは、ヘッジファンドはどこでどのようにして収益を上げていくのかということを明確に打ち出さないと資金を集めることが難しいため、勝てそうな投資手法、つまり先ほどの3パターンのどれかに非常に強くフォーカスを当てているということがあります。実際のヘッジファンドの運用手法は千差万別ですが、典型的なパターンを見ていくとそうした構造が明瞭に浮かび上がってきます。

図6-12 ヘッジファンドのタイプ別分類

タイプ・代表的な戦略	主な収益の源泉
アービトラージにフォーカス……ロング／ショート	アービトラージ
コンバーティブル・アーブ 金利（フィックスド・インカム）アーブ 株式マーケット・ニュートラル	
イベント・ドリブン	
リスク・アーブ 不良債権（ディストレスト・アセット）	アービトラージ リスク・プレミアム
ダイレクション・ドリブン	ランダムでないトレンド、リスク・プレミアム
リスク・プレミアム グローバル・マクロ ロング・バイアス ショート・バイアス （マネージド・フューチャー）	（ミーン・リバージョン）
セクター・ドリブン	リスク・プレミアム
エマージング 特定セクター	
オポチューニスティック	組み合わせ

　ここで、ヘッジファンドは"非伝統的"で特殊な運用をしているのだから参考にはならないという考え方は無用です。投資家のタイプ別に見てみると、ヘッジファンドは非常に優秀な成績を収めているのです。どんな投資家も、彼らが投資をしているのと同じマーケットで勝負しなければなりません。マーケットが敗者のゲームであるならば、わずかな勝者のグループに属する彼らの投資手法を無視することは、ただちにその他大勢の敗者に転落することを意味するでしょう。

　ヘッジファンドにはさまざまなスタイルがあり、その分類の仕方もさまざまです。以下、今までの説明と重複する部分も出てきますが、一般

的な分類に沿いつつ、あまり定義を厳格にせずにヘッジファンドの投資スタイルを見ていきましょう（図6-12）。

> （注）ヘッジファンドには明確な定義がありません。一般的には、少人数の投資家向けに、"非伝統的（オルタナティブ）"な運用手法で運用されるファンドを指します。多くのヘッジファンドは、少数のプロフェッショナルな専門家によって運営され、投資哲学や運用手法が明確にされているという特徴をもっています。

● アービトラージにフォーカスを当てるタイプのもの

相場の方向性に賭けるのではなく、マーケットに存在する価格の歪みを収益化していこうというタイプで、ヘッジファンドのなかでもとくに王道的な存在です。ロング／ショートと総称されることもあります。

最も一般的なヘッジファンドであるマーケット・ニュートラルもこの範疇に入ります。マーケット・ニュートラルは、とくに、相場全体の方向性にかかるリスクを抑え、アービトラージに注力するものをいいます。

いくつか、典型的なものを紹介しておきましょう。

＜コンバーティブル（CB）アーブ・ファンド＞

CBは、特定の価格で株式に転換できるオプションがついた債券です。理論的には、株式のコール・オプション（買う権利）と社債が組み合わされたものです。

一般的なCBアーブは、CBを買い、株式の空売り（ショート）でヘッジします。その結果、株価が上がるか下がるかといった方向性にかかわらず、どちらかに大きく値動きすることによって収益を獲得できます。

オプション取引の「ガンマ・トレーディング」といわれる投資手法ですが、とくにCBを使うことによって割安なオプションを得られることに注目した戦略です。

CBは、株式市場からも社債市場からもやや離れた存在であるために、デリバティブを使って株のオプションと社債に分解すると、それぞれの部分がかなり割安になることがあります。マーケットの分断が生んだ裁定機会といえるでしょう。

＜金利アーブ・ファンド＞
　金利の上昇・下落といった動きではなく、関連する金利の割安・割高にフォーカスした戦略をとるファンドです。国債アーブ、先物アーブ、国債・非国債アーブ、他国債アーブ、同発行体アーブ、異種発行体アーブなどを組み合わせて収益を狙います。
　一般に、アービトラージ性が高い、つまりリスクが低い戦略を採用する場合は、収益率そのものも低くなるため、デリバティブ等を活用して取引量を膨らます（＝レバレッジをかける）ことがよく行なわれます。

＜株式マーケット・ニュートラル・ファンド＞
　株式の売りと買いを組み合わせて投資をするものです。マーケット・ニュートラルという場合、株式相場全体の上げ下げに影響を受けないようなポートフォリオが構築されます。
　割安で価格が相対的に上がると予想される株を買い、割高で価格が相対的に低下しそうな株を空売りします。

●イベント・ドリブン・タイプのもの
　株価や債券価格に大きな影響を及ぼす出来事（イベント）にフォーカスを当てるタイプです。
　イベントには、合併・買収、自社株買いや増資、大規模なリストラクチャリング、企業破綻などがあげられます。以下は、その代表的なものです。

＜リスク・アーブ・ファンド＞

　リスク・アービトラージは、その名のとおりアービトラージの一種で、合併・買収という大きなイベントによって発生する価格の歪みを裁定するものです。アービトラージのなかでは最もリスクが大きい部類に属し、かつ、特殊なアービトラージ機会に集中的に投資するという点で、他の一般的なアービトラージとは性格が異なる部分があります。

　一般的なパターンとしては、買収する側の企業の株式を空売りし、買収される側の企業の株式を買います。

　ここではイベント・ドリブン・タイプとして分類していますが、アービトラージにフォーカスするタイプとして分類することも可能です。

＜不良債権ファンド＞

　不良債権投資は、企業の経営危機や破綻といった大きなイベントに際して、その企業の債券などが大きなリスク・プレミアムを織り込むことに注目した投資です。この点で、分散型ではなく、集中型のリスク・プレミアム投資といえます。また、アービトラージ的な手法をとり入れていることもあります。

● ダイレクション・ドリブン・タイプのもの

　相場の方向性とは関係のないアービトラージタイプやイベント・ドリブンとは異なり、相場の方向性を予測して投資するタイプです。最も代表的なものに、ジョージ・ソロスで有名なグローバル・マクロと呼ばれるものがあります。

＜グローバル・マクロ＞

　マクロ経済の動向などを全世界的に見て、主要な通貨、金利、株価などのトレンドを予測し、とくにリターンが見込める投資対象を組み合わ

せて集中的に投資をしていくスタイルです。トレンドやミーン・リバージョン戦略を中心として、それらを組み合わせていくのが基本です。また、一般に、後述するオポチューニスティックな姿勢をもつものも多く、アービトラージ戦略などを併用することもあります。

　このタイプの投資の最も典型的なものとして、ソロスによって1992年にポンドがEMS（欧州通貨制度）からの脱落を余儀なくされたときの彼らの手法を見てみます。

　当時ポンドは、EMSにより他のEMU（経済通貨同盟）参加国の通貨、とくにドイツマルクとの為替レートを維持する義務を負っていました。ところが、経常収支の赤字と景気悪化が重なり、ポンドの売り圧力が高まっていったのです。それを回避するためには金利を引き上げるしかありませんが、景気悪化のなかで金利を引き上げれば、景気にはさらなる打撃になります。

　こうした状況のなか、ソロスは「ポンドは切り下げられざるを得ない」と判断し、ポンドに売りを浴びせます。そのときに彼が行なったのはそれだけではありません。英国株買い、ドイツ株売り、ドイツ国債買いなどを組み合わせたのです。いずれもポンドが切り下げられることを見越してのポジションです。

　こうした手法は、本来のアービトラージとは違い、「ポンド切り下げ」というシナリオから徹底的に収益を上げようとする手法です。結局、このときの投資で、ソロスは当時の円ベースで2000億円以上の巨額の利益を得たと伝えられています。

＜ロング・バイアス／ショート・バイアス＞

　ロング・バイアスのものは、相場の上昇による収益を積極的に追求していこうとするもので、やや特殊です。レバレッジをかけたり、とくに価格変動が大きい銘柄に投資したりという積極的な姿勢をもっています。

戦略が偏っているため、期待リターンの源泉としてどこにフォーカスを当てているのかが判然としないケースもありますが、積極的なロングにしていれば勝てるという考え方からすると、一般的にはリスク・プレミアムをとりにいくタイプといえます。

　ショート・バイアスはその逆で、相場の下落からの収益を狙います。これもやや特殊なものですが、戦略とすれば、ミーン・リバージョンを狙いにいくものと位置づけることができます。

● セクター・ドリブン・タイプのもの
　特定のセクターに集中して投資するタイプです。非先進国市場に集中投資するエマージングと呼ばれるものも含まれます。
　セクター・ドリブンは、投資をする土俵を限定しますが、戦略的には今まで説明してきたものを採用します。ロング・バイアスがかかっているもの（エマージングなど）や、アービトラージを駆使するものなどがあります。
　一般に特定のセクターに含まれるリスク・プレミアムを追求するものですが、タイプによってはそこにアービトラージが加わります。

オポチューニスティック・スタイルへの展開

　マーケットというのは、いつも同じやり方でうまくいくものではありません。局面ごとに性質や構造が少しずつ変化するためです。
　たとえばマーケットのアービトラージ機会は、もともとふんだんにあるものではありませんが、それでも比較的多く存在する期間と、ほとんど存在しない期間とが交互に訪れます。また、リスク・プレミアムについても、分厚いリスク・プレミアムが織り込まれている期間と、それが

剥げ落ちてしまう期間が存在します。
　いずれも、まったく消滅してしまうこともなければ、ふんだんにあり続けることもなく、比較的豊富な時期とほとんどなくなってしまう時期が循環していくのです。
　したがって、アービトラージ戦略ではなかなか高いリターンを上げることができなくなったり、リスク・プレミアムが十分に獲得できなかったりする局面が必ず訪れます。
　あるいは単一の投資対象、たとえばドル円為替だけをとりだして見ていくと、ランダムでないトレンドやミーン・リバージョンを感知しやすい局面もあるでしょうが、そうした機会を見出しにくい局面が続くこともあります。
　チャンスが見出せない状況で、無理に一つの戦略や投資対象にこだわると危険が増大します。
　アービトラージであれば、アービトラージ機会が少なくなると、よりリスクの高い、よりアービトラージ性の薄い取引へ移行していきがちです。リスク・プレミアムであれば、すでにリスク・プレミアムが剥げ落ちてしまっているのに、無理にポジションを積み重ねていってしまう誘惑に駆られます。
　あるいはドル円為替にランダムでないトレンドやミーン・リバージョンを見出せないときでも、無理に博打的なポジションを作ってしまうことにもなりかねません。
　チャンスが乏しい時期にはゆったりと構えて、チャンスに満ちた次の局面を待っていられればいいのですが、人間はそうゆったりと構えていられるものではありません。運用を生業としている職業投資家にとってはとくにそうでしょう。
　そしてチャンスの少ない局面で無理にリスクを重ねることによって、今まで着実に積み上げてきた収益を一気に吐き出してしまうということ

がよく起こります。

　そうした事態に陥らないようにするための有力な方法として、局面ごとに、最も有利と思われる投資対象や投資手法を組み合わせていくというスタイルがあります。

　特定の戦略や特定の投資対象で利益を上げなければならないという制約がなければ、チャンスがないところに無理に突っ込んでいくというリスクはかなり減らせます。アービトラージ機会が少ないときでも、リスク・プレミアムやトレンドには大きなチャンスが転がっているかもしれません。ドル円でトレンドを見出せなくても、他の通貨や、あるいは株や債券ではトレンドを見出せるかもしれません。

　すべてが循環していくマーケットにあって、そのときに最も自信があるものに投資をしていくことは、無意識のうちに無理にリスクをとりにいくという危険性を抑えることができるのでそれだけでも有益です。しかも、勝てる確率が高い投資をいくつも組み合わせていけば、勝てる確率そのものも上がっていくことになります。

　投資対象を広げたり、複数の投資手法を採用することは、普通の投資家にとっては、投資がより難しくよりリスクが高くなるように感じられます。しかし、これも心理の罠です。投資対象や投資戦略をたくさんもっているほうが、リスクは減り、勝てる確率は高くなるのです。

　とくに、プラスの期待リターンをマーケットで見出すことができる能力をもった投資家ならば、なお一層そうなります。

　こうした投資手法を、オポチューニスティック・スタイルといいます。

オポチューニスティックの対抗馬、深彫りストラテジー

著名投資家の多くは、多かれ少なかれ、オポチューニスティックな姿勢をもっています。一般にグローバル・マクロと呼ばれているソロスの運用手法は、典型的なオポチューニスティック・スタイルです。そのときどきで最も自信のある対象を選ぶだけでなく、アービトラージ的な手法もとり入れています。

それぞれがプラスの期待リターンをもつと考えられる投資手法や投資対象を組み合わせていくオポチューニスティック・スタイルは、究極の投資スタイルといってもいいものです。理屈の上では、まったく申し分のない投資手法です。

ただし、残念ながら多くの機関投資家は、このオポチューニスティック・スタイルとは対極にいます。投資対象を厳しく限定された分野ごとの運用マネジャーは、与えられた範囲内でベストを尽くそうとします。

しかし、限定された範囲内でいつもチャンスがあるわけではありません。チャンスが見出せない、自信がもてないときでも、彼らは何もしないわけにはいかず、ベストを尽くそうとするあまり、つい無理をしてしまいます。こうした厳しい投資制限の存在こそが、機関投資家の運用成績を引き下げる大きな要因になっているのかもしれません。

ただ、オポチューニスティック・スタイルが究極の投資手法であるといっても、現実的には容易なものではありません。このスタイルを実践するには、①世界中のマーケットに精通し、②期待リターンをプラスにする３つの基本的な収益源泉を深く理解し、③世界中から集まってくる雑多で複雑な情報を大胆に取捨選択してシナリオを形成していける能力をもっている必要があるのです。

それに、投資家には向き不向きがあります。オポチューニスティッ

ク・スタイルが理屈の上では究極の投資手法であったとしても、どうしてもそれに向かない投資家もいます。というよりも、オポチューニスティックに向く投資家のほうが例外的といっていいかもしれません。

　しかし、オポチューニスティックに向かないからといって、優れた投資家ではないということにはなりません。優れた投資家とは、プラスの期待リターンをもつものをマーケットで見出すことができる投資家のことです。オポチューニスティックに向くかどうかは、ただ単にそれだけのことでしかありません。

　ですから、優れた投資家のなかでも、オポチューニスティックに向かない投資家は、自分の得意分野に特化し、それを深彫りしていくことになります。

　この深彫りスタイルでは、投資対象が限られているため、チャンスがないときには無理をしないという冷静さを維持できることが前提条件となります。この前提条件が満たされている限り、この戦略は非常に有効な投資手法になります。

　また、たとえば、日本株については絶対の自信をもっているというタイプの投資家であれば、日本株だけを舞台にいくつもの手法（アービトラージやリスク・プレミアム、トレンドとミーン・リバージョンなど）を駆使して、収益機会を徹底的にとらえるというやり方がよく用いられます。これをマルチ・ストラテジーといいます。

　こうした深彫りスタイルは、オポチューニスティック・スタイルと比べて、理屈の上では完璧ではありません。しかし、投資というものは結局人間が行なう行為である以上、理屈が完璧であるかどうかよりも、それが実際に実行可能かどうかがより大きな意味を持ちます。

　そういう意味では、この手法は現実的な選択肢としては非常に有効なものです。

　あらかじめ投資対象を限定しないオポチューニスティック・スタイル

図6-13 期待リターンをプラスにする投資手法

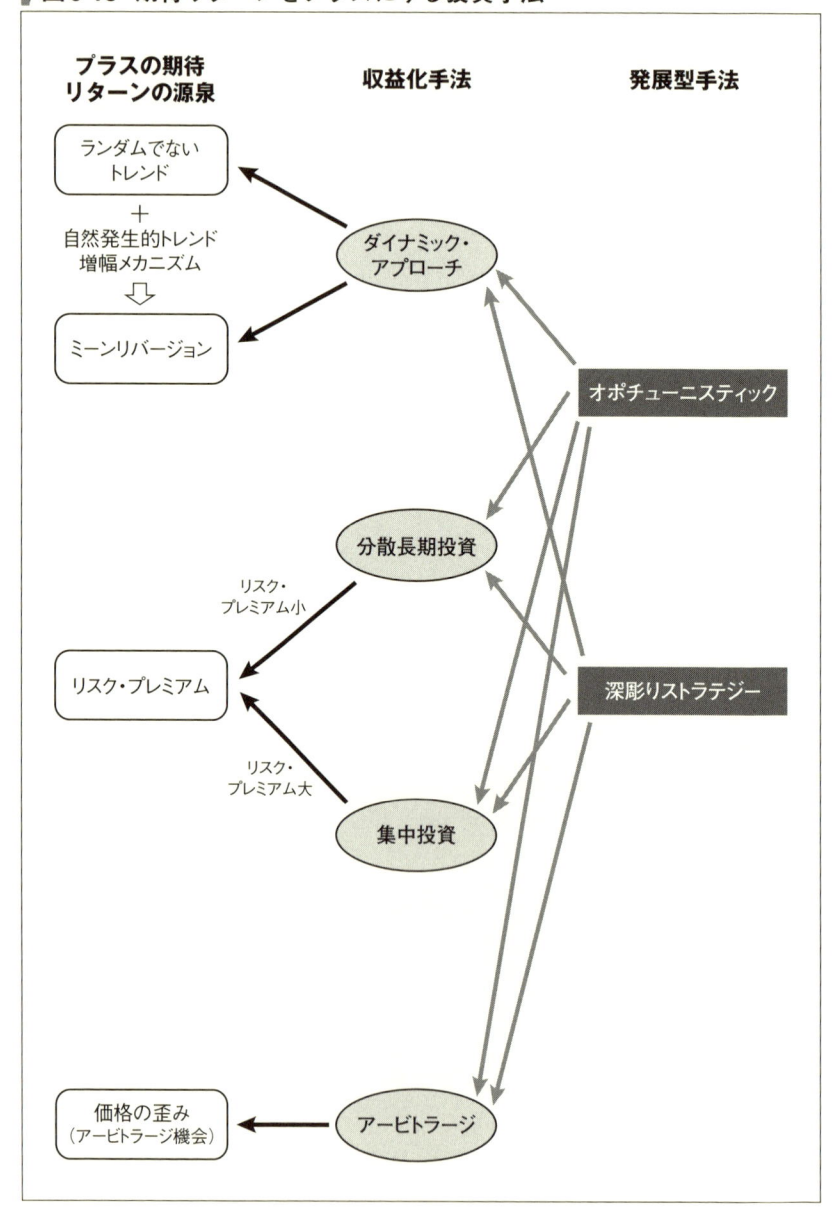

プラスの期待リターンの源泉	収益化手法	発展型手法

- ランダムでないトレンド
  + 自然発生的トレンド増幅メカニズム
  ⇩
- ミーンリバージョン

→ ダイナミック・アプローチ

- リスク・プレミアム
  - リスク・プレミアム小 ← 分散長期投資
  - リスク・プレミアム大 ← 集中投資

- 価格の歪み（アービトラージ機会） ← アービトラージ

発展型手法：
- オポチューニスティック
- 深彫りストラテジー

と得意分野を深彫りするスタイルは、勝てる投資をするために目指すべき2つのゴールであるといっても過言ではないでしょう（**図6-13**）。

COLUMN6

数字の神秘

　数字の神秘として最も有名なものは、フィボナッチ数列と黄金率（黄金比）でしょう。

　フィボナッチ数列は、1、2と始まって、隣り合う2つの数字を足して次の数字にすることでできる数列です。1、2、3（＝1+2）、5（＝2+3）、8（＝3+5）、13、……と続いていきます。

　この数列の中の数字＝フィボナッチ数は、さまざまな数学の法則に多く見られるだけでなく、自然界にも頻繁に見られる数字だといわれます。たとえば、ひまわりの種やパイナップルのうろこ模様の配列にフィボナッチ数は現われます。

　さて、このフィボナッチ数列中のある数字をその1つ前の数字で割ると、2/1＝2、3/2＝1.5、5/3＝1.66…、8/5＝1.6、13/8＝1.625……という具合に数列内の数字が大きくなるにしたがってある比率に近づいていきます。その比率が黄金率です。黄金率（Φ＝ファイ）は、Φ＝1＋1/Φで定義され、$(1+\sqrt{5}) \div 2 = 1.618$……で計算されます。

　この黄金率もまた、数学の法則や自然界に数多く見られ、しかも完璧なプロポーションを形成することから美術や建築にも多く用いられています。

　たとえば、オウムガイの殻の直径や、ミツバチの群れの雄雌の比率、あるいは（理想的とされる）人体においても、身長／ヘソまでの高さ、顔の長さ／眉までの高さ、腕の長さ／ひじまでの長さなどに黄金率は現われるといわれます。

　あるいは、パルテノン神殿をはじめとする数々の名建築やレオナルド・ダ・ビンチなどの絵画の傑作の多くにこの黄金律が使われていることも有名です。

　また、この黄金率をもとにある数列を作ると先ほどのフィボナッチ数列が現われたりするなど、何かしら意味ありげな性質をもっています。

　その神秘さとそれに基づいたプロポーションの美しさから、この

黄金率は"神によってもたらされた比率"といわれ、テクニカル分析でも非常に重要な数字として扱われます。

　たとえば、値幅分析では、この黄金率とそこから派生するいくつかの比率が、非常に重要視されます。上昇トレンドが反転したとき、それまでの上昇幅の38.2%{1－(φ－1)}や61.8%（φ－1、あるいは1／φ）下落すると再び上昇トレンドになりやすいというように用いられます。これがフィボナッチ・レシオ分析です。

　日柄分析では、フィボナッチ数がよく使われます。たとえばトレンドが転換してから89日とか144日（いずれもフィボナッチ数）たつと再びトレンドが転換しやすいというようなことです。

　こうした黄金率やフィボナッチ数の法則が、単なる妥当性の誤謬によるものなのか、それとも何らかのメカニズムで自然に現われやすく、自然の一部である人間心理にも何らかの影響を与え、したがって人間心理によって形成される相場にも影を落としているのか、是非一度ご自身で考えてみてください。

第6章　マーケットにわずかに存在する期待リターンの源泉と投資手法

第7章

投資での成功に
必要なもの

- ◉投資に必要な資質 …………………………………240
- ◉前提となる二つの条件 ……………………………241
- ◉信念と柔軟さのバランス …………………………244
- ◉投資に必要な発想法 ………………………………245
- ◉自分だけの投資戦略とマハン大佐の教え ………249

　コラム7
　勝敗を分けるもの……………………………………252

投資に必要な資質

　ここまで見てきたように、投資には絶対の必勝法というものがありません。
　まずマーケットの構造を理解し、自分も含めた投資家の心理的傾向をよく知る必要があります。そして、「ただ漠然と投資をしていると人間は失敗するものである」という重要な命題を克服し、プラスの期待リターンの発見に全精力を傾けなければなりません。しかし、マーケットの本質である不確実性がゆえに、それでもなお必ず成功するという保証はどこにもないのです。
　偶然というものが人間にコントロールできないものである以上、この部分はどうしようもありません。さらに、この偶然性以外にも、個人の資質やセンスというようなものも投資成果に大きな影響を及ぼします。
　たとえば不確実性、偶然性、確率論といったものは、概念としては誰にもおなじみのものでしょう。ところが、それが頭の中の抽象概念ではなく、実際に"身についている"かということになると話は別です。テストでいい点をとるというようなことではなく、そうした考え方が自然に行動に現われることが投資ではとても重要になるのです。
　頭でわかっていることでも、それが実際の行動に反映されなかったり、それどころか逆の行動をしてしまうことは、普段でもよくあることです。とくに多額の資金を投入して行なう投資においては、気がつかないうちに精神状態が変化していってしまうのでなおさらです。ですから、性格的な向き不向き、あるいは資質やセンスといったものが最後には大きくものをいいます。
　投資での成功に必要な条件は、これも絶対に正しいといえるものはなく、人によって微妙に考え方が異なってくるものでしょう。マーケット

理論や投資理論とは違って、理論づけをすることも困難な部分です。しかし、投資においては個性や資質というものが避けて通れないものである以上、この最後の章ではそうした点について簡単に見ていくことにしたいと思います。

前提となる二つの条件

　ある高名なトレーダー出身の米大手金融機関のトップが、「マーケットで成功する人材の条件は？」と聞かれたときに、すかさず２つの条件をあげたそうです。
　その条件とは、第一に「（マーケットもしくは投資が）好きであること」、第二に「数字に強いこと」です。
　簡単すぎるほどの答えですが、まさに真を穿ったものだと思います。十分条件ではないにしても、まず最初に必要になる条件だといえるでしょう。

＜好きであること＞
　相場は答えのないパズルのようなものです。完璧に理解できるという状態が存在しません。そして絶えず無数の情報が流れ込み、絶えず新しいシナリオが生まれては消えていきます。
　この情報さえ見ていればいいとか、ここまでやっておけばいいという線引きのようなものは存在しません。
　こうしたマーケットの世界では、何にでも興味をもち、わからないことや知らないことがあればすぐに調べたり、詳しい人に聞いたりしていかないとすぐに取り残されてしまいます。絶えざる知的好奇心と、それを満たすことができる時間的な自由が価値を生む源泉なのです。

どんなことにも首を突っ込んだり、さまざまに考えたりするということは、もちろんその人の能力や性格にも関わってきますが、何よりもその対象が好きであるかどうかに大きく左右されます。好きなことであれば、いろいろな疑問をもつようになり、わからないことはわかるようになろうとし、たとえ忙しくてもわずかな時間でそのことを集中的に考えるようになります。好きなこととそうでないことに対しては、集中力の持続の仕方がまったく違ってくるのです。
　投資では誤ったやり方をしていなくてもうまくいかないときがあります。何事もうまくいっているときはその対象が好きになりますが、うまくいかないときは億劫になったり嫌いになったりしてしまいます。しかし、そうした瞬間こそが投資にとっては最も危険な状態です。
　投資では、長い間にこつこつ積み上げた利益を、わずかな気持ちの緩みであっという間に失ってしまうことがあります。どんなときでも忍耐強く、気長にやっていかなければなりません。
　ですから、「好きである」ということは、うまくいっていないときでも興味や関心を失わず、常にチャレンジし続けるほどに強い「好き」であって、忍耐強さを支えるものである必要があります。
　こうした意味で、「好きであること」は何よりなくてはならない前提の条件であり、投資での成功の出発点といえます。

＜数字に強い＞
　マーケットはすべてが数字に還元される世界です。
　数字はただ単に数が並んでいるだけではありません。価格にしろ、経済指標にしろ、それぞれの数字は意味をもち、歴史をもっています。そうした数字の背景にあるものを含めて数字に対して鋭敏な感覚をもっていることがとても大切です。
　「数字に強い」ということは、数学が得意とか公式をいくつも知ってい

るというようなことではありません。そうではなくて、数字に対する感受性のようなものです。

　たとえば経済やマーケットでは、数千億円や数兆円単位の話が出てきます。現金としての1兆円をイメージできる人は少ないでしょうが、たとえば1兆円の増税が経済にどういう影響を与えるかとか、数兆円の国債増発がマーケットにとってどんな意味をもつのかといったことが感覚としてとらえられる必要があるのです。

　もちろんこれは経験によって習得が可能なものですが、その前提として数字への感受性は不可欠でしょう。

　優れた投資家というのは、全員が必ずそうだということではないでしょうが、暗算力や数字に関する記憶力が非常に優れている人が多いといわれています。バフェットはその驚異的な暗算力で知られていますが、彼だけでなく、多くの有名投資家は人間離れしたような数的能力をもっていることが多いのです。彼らの数的能力は、ただ単に機械的な計算能力というよりも、数字への感受性が訓練によってさらに高まった状態といえるでしょう。

　パソコンの普及は、そうした驚異的な数的能力をもたない人にも多くの可能性を提供します。重要と思われる経済指標や相場の情報を記録したり、それをグラフや表にしたり、驚異的な記憶力や暗算力が普通の人にも利用可能になるのです。IT時代の到来は、一般の投資家、とくに個人投資家にとって大きな可能性を開くものといえます。

　ただし、そうしたテクノロジーを使いこなし、そのメリットを最大限に享受するためには、根底には数字に対する感受性が必要であることはいうまでもありません。

信念と柔軟さのバランス

　好きであることと、数字に強いことは、出発点もしくは前提条件としてとても大切ですが、その先には、欠かすことのできないもうひとつの重要な要素があります。
　それは不確実性というマーケットの本質に対応するためのものです。
　不確実性の霧のなかでは、真実を正確に把握することができません。正解が存在しないといってもいいでしょう。そうしたなかで持続的な成功を収めるには、羅針盤の役目を果たす信念が必要です。しかし同時に、確かなものがない不確実性のなかでは、ひとつの考えにしがみつくことには非常に大きなリスクがあります。ですから、何か見落としていないか、間違っていないか、どんなリスクがあるのか、といったことを常に反問し、必要に応じて今までの自分の考えを修正していくことができる「柔軟性」も同時に必要となってきます。
　つまり、マーケットにおける不確実性は、信念と柔軟性の両立を求めています。ところが、この信念と柔軟性は一般的にはなかなか両立しません。本来両立しないものを両立させなければならないところに、投資の難しさがあるといってもいいでしょう。
　信念と、思い込みや頑固さとの違いは紙一重です。しかし、信念は必要なものですが、思い込みや頑固さはマーケットで最も危険なものとなります。わずかな差が大きく結果を分けてしまうのです。
　柔軟さについても同じようなことがいえます。柔軟さと過敏の違いは紙一重です。しかし、柔軟さは大切なものですが、過敏になってしまえば、マーケットでは手ひどい罰を受けます。
　信念が単なる思い込みにならないためには、その信念がしっかりとしたロジックや実証的な裏づけに支えられていることが望ましいでしょう。

図7-1 投資に必要な資質

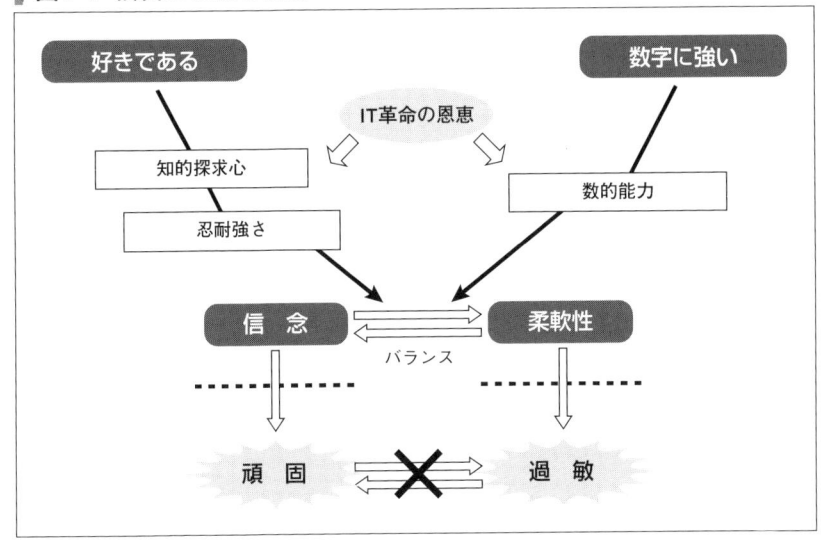

そしてそれが"頑固"につながらないようにするためには、絶えず疑問を発し、常に自分の考えを検証していくという柔軟な姿勢が必要になります。

また、柔軟さが過敏につながらないためには、自信や勇気が必要です。そして自信や勇気は、確固たる信念に支えられます。

結局、両立が難しいとはいえ、信念を信念たらしめるものは柔軟性であり、柔軟性を維持するものは信念であるといえます（**図7-1**）。

投資に必要な発想法

投資では最後に資質がものをいうとはいっても、経験や訓練、あるいは思考方法などによって習得することができる部分も多いでしょう。重要と思われる思考法を簡単にまとめておきましょう。

＜ロジカルであること＞

　不確実性のなかでは、論理的でありさえすればうまくいくとは限りません。しかし、投資というものが「ただ漠然とやっていては失敗してしまう」ものである以上、その性質から逃れるためには、やはり論理的にものを考えていくことが非常に大切になります。

　投資での成功・不成功には、本人の能力や努力だけではいかんともしがたい部分があります。ただ単に結果が良かったり悪かったりしただけで一喜一憂する必要はありません。とくに、たまたま運悪く失敗してしまうこと自体は、投資をする以上は甘受しなければならない事態です。

　しかし、リスクを過小評価したり、自分に都合のよい情報だけを過大視したり、新しい情報が出てきたのに以前のシナリオに固執したり、あるいは逆に右往左往して失敗したりという具合に、明らかに原因があって失敗することもあります。

　自分がどういうシナリオのもとに、どういう戦略で臨もうとしているのかを論理立てて整理しておくことは、自分の成功・不成功の要因が何であったのかを冷静に振り返ることを可能にします。それによって、たまたまの成功におごらず、たまたまの失敗にもめげず、そしてしかるべき失敗からは教訓を学ぶことができるようになります。

　また、不確実性に対処するための仮説検証型のシナリオ・アプローチでは、新しい情報に基づくシナリオの見直しが重要なポイントですが、シナリオが論理的であればこそ、この検証や修正が容易になります。

　つまり、論理的であることはそれだけで成功を保証するものではありませんが、冷静さや柔軟さを維持し、失敗を教訓に変えるために不可欠な要素といえます。

＜ひらめきと分析の意味＞

　とくに機関投資家の場合、分析によって答えを導き出すという考え方

が非常に強いと思います。しかし、本書で繰り返し述べてきたように、不確実性のなかでは正解というものが存在しません。

　分析によって答えを出すという考え方は誤りであり、ファンダメンタルズ分析の罠などの落とし穴に陥る危険を高めてしまうものです。

　ただひとつの明解な答えを導き出すような分析はマーケットでは無意味であり、逆に、マーケットで意味のある分析はいくつもの異なった答えを導き出します。

　マーケットにおける本来の分析とは、したがって、最初に答えの見当をつけてから行なうべきもので、通常の分析とはまったく発想の順番が異なります。つまり、最初に「もしかすると、こういうことなのではないだろうか」というひらめきやイメージがなければ、こうした分析はスタートしません。

　この最初のひらめきは、単なる早合点であっても思い込みであってもいいのです。たとえば、「過去にこういう状況のときにこんなことが起こった、だから今回も同じようなことが起こるのではないか」というようなひらめきは、本書で説明したヒューリスティックの典型です。しかし、優れた投資家や優れた分析者ほどこうしたヒューリスティックを好む傾向があります。この手のヒューリスティックは、マーケットにおいてはアイデアの宝庫であり、優れたシナリオの元だねとなるものです。ですから、それ自体はまったく否定されるものではなく、むしろ非常に重要なものといえます。

　分析というのは、こうしたひらめきを単なるヒューリスティックにとどめるのではなく、それをデータや論理によって検証し、ロジカルなシナリオに高めていく作業といえます。もちろん、分析の過程で、多くのひらめきはデータや論理による裏づけを得られずに消えていくことになります。そして生き残ったひらめきだけが有効なシナリオとなっていきます。

逆に、ひらめきや思い込みのないところにシナリオが生まれることはありません。漠然と答えを求めて分析してみたところで、最初にイメージがなければ結局その分析からは何もわからないままでしょう。分析して後にシナリオをつくるという考え方こそが、現状分析に非常に近いものを将来予測としてしまう予測の線形性の源なのです。

　また、どういう結論を導き出そうとして分析をするのかという目的意識が明確であればこそ、そうした分析に必要なデータや情報が集められるということもいえます。IT時代の到来は、さまざまな情報の流通コストを劇的に引き下げる効果をもっていますが、情報はそこにあるというだけでは価値を生みません。何を検証するのかがわかっていてこそ、必要な情報が浮かび上がり、意味を帯びてくるのです。

＜仮説検証型思考法＞

　結局のところ、ひらめきと論理性をもった仮説検証型の思考方法こそが、マーケットで最も求められるものだといえます。このことは本書でも繰り返し強調してきました。

　しかし、この仮説検証型思考法というのは、学校や職場で我々が教わることとは対極にあるものです。通常、我々は「こうすれば正しい答えが導かれる」という教わり方をします。教えるということは本来そういうものなのでしょう。

　しかし、マーケットではたったひとつの正解というものが存在しませんから、発想を切り替える必要があります。マーケットで求められる思考法を身につけるためには、学校や職場で教わったことをいったん忘れる必要があるのかもしれません。

＜完璧を求めてはならない＞

　マーケットで求められる発想法の最後として、あきらめのよさがあげ

られます。

　人間は往々にして完璧なものを求めたがります。しかし、不確実性のなかでは完璧は存在しませんし、偶然性に左右される世界で完璧を求めることは、非常に危険なことですらあります。

　ですから「底値で買って高値で売る」などということを求めるべきではありません。運頼みでしかない完璧を追い求めれば、時にチャンスを逃したり、時に無理をしてリスクを必要以上に積み上げたりしてしまいがちです。

　この点に関しては、相場格言ではありませんが、武田信玄の「戦いは六分の勝ちをもって良しとせよ」(注)と、徳川家康の「及ばざるは過ぎたるより勝れり」という言葉があります。投資の教訓としても、そのまま使えるものです。いずれも百戦錬磨の武将だからこそいえるものであり、実戦の重みを伴った言葉といえるでしょう。

　　（注）　武田信玄には、「およそ軍勝五分をもって上となし……」「六分七分の勝ちは十分の勝ちなり」などの言葉が残されています。同時に、それ以上の勝ちは驕りを生じ、危険につながるという趣旨のこともいっています。

自分だけの投資戦略とマハン大佐の教え

　投資は、心理的要因に大きく左右されるきわめて精神的な行動です。理論を理論どおりに実践することがとても難しく、頭でわかっていることと実際にマーケットで行動する内容を一致させること自体がとても困難です。

　したがって、マーケットの構造や、期待リターンの源泉、あるいはそれを収益化していくやり方などを頭で理解するだけでは十分といえません。マーケットでは常に不測の事態が発生します。どんなに正しいと思

われるやり方をやっていても失敗することもあります。そうしたときに理論を自分なりに応用し、柔軟に対処していくためには、頭で理解している以上に"身についている"ことが何よりも大切になります。

"身につける"ためには、ただ単に本を読んだり人に教わったりするだけでなく、徹底して自分自身の頭で考え抜き、さらには現実の経験のなかで繰り返し実践していくしかありません。

また、投資が精神的行動である以上、どうしてもその人の性格や個性に強く影響を受けます。投資のやり方についても、そうした個性や向き不向きを無視しては成り立ちません。100人の投資家がいれば、100通りの投資のやり方があるといってもいいでしょう。

そうした点で、投資で成功を収める最大の鍵は、借り物ではない自分自身のやり方、投資哲学を確立することとなります。

最後に、この点に関して、投資の世界からは少し離れますが、日露戦争のときに海軍の作戦参謀として活躍した秋山真之という人のエピソードで締めくくりたいと思います。

秋山真之は、世界の海戦史上で不滅の金字塔というべき日本海海戦の作戦を立案した偉大な戦術家です。

彼がまだ若いころ、米国の駐在武官になったことがありました。当時の米国には、海軍戦術の世界的権威だったマハン退役大佐がおり、秋山真之はこのマハンのもとで個人教授を受けます。マハンは彼にこう教えます。

「戦略や戦術は教科書や授業で教わることはできない。会得するためには、過去の戦史を自分で丹念に調べることである。戦いの本質は古今東西、陸海とも変わらない。古代に至るまでありとあらゆる戦史を調べ、さらに陸上戦についても調べるべきだ。そして古今の戦術書を読み、そ

の中から本質を抽出し、自分なりの作戦原理を編み出すべきである。借り物ではなく、自分自身で編み出した作戦原理だけが、応用が効くものである」

　秋山真之自身もそれしかないのではないかと考えていたために、このマハンの言葉で自信を深め、後に水軍（海賊）戦法まで研究して日露戦争の作戦を完成させたといわれています。
　このマハン大佐の教えは、「戦い」を「投資」に、「陸海」を「マーケットの別」に置き換えれば、そのまま優れた投資のテキストになります。
　古今東西さまざまなマーケットでの出来事や値動きは、投資理論の生きた教材の宝庫です。過去のパターンがまったく同じ形で再現されることはまずありませんが、その背景にある原理は常に再現され続けます。
　もっとも、ただ漠然と過去の相場を眺めているだけでは、そこから原理を抽出することはできないでしょう。そのため、投資理論が必要となります。投資理論にもいろいろなものがありますので、できればさまざまな本を読んでそのなかから腑に落ちるもの、自分に向いてそうなものを見つけるといいでしょう。
　そうした理論的裏づけをもって過去の相場を調べれば、そこから原理のようなものが浮かび上がってくるでしょうし、そうすることによって徐々に理論も身についてくるようになると思います。
　そうした努力を積み重ねて初めて、自分なりの投資哲学が生まれてきます。この自分なりの投資哲学だけが、不確実なマーケットのなかで投資家を成功へ導いてくれるものです。もちろん、こうした投資哲学にも完成されたものは存在しません。つまり、投資哲学探しは投資を続ける限り続いていくのです。
　そうであるからこそ、投資は深遠でとても魅力的な世界なのだといえます。

COLUMN7

勝敗を分けるもの

　本章の最後に紹介した"マハン大佐の教え"は、司馬遼太郎氏の名作『坂の上の雲』を参考にしています。この『坂の上の雲』はいうまでもなく日露戦争を描いた大河小説です。

　日露戦争では、とても勝ち目がないといわれた日本が苦闘の末に勝利を勝ち取っていきます。海軍もさることながら陸軍でも、総司令官大山巌と参謀長児玉源太郎が、まさに信念と柔軟さを両立させることで勝利をつかみとりました。

　とくに作戦を統括した児玉源太郎参謀長の思考法は、投資家にもとても参考になります。ここでは簡単に要約するだけにとどめますが、彼の作戦には、(1)明確な目的意識をもち、決してそれを見失わない、(2)作戦原理が非常にシンプルでわかりやすい、(3)専門家を鵜呑みにせず、自分の直感と信念にもとづいて自らの責任で判断する、(4)戦闘現場で苦闘する兵士たちに対して繊細な感受性を失わない、といった特徴があり、強い責任感と感受性のうえに信念と柔軟さをうまくバランスさせています。

　彼は軍人ですが、もし投資家になっていたとしても大成功を収め、偉大な投資家になったでしょう。

　反対に、ロシア軍側の総司令官クロパトキンは、作戦能力自体は非常に高かったものの、苛烈な戦闘が始まると平常心を失い、絶えず恐怖にさいなまれ、予想外の事態が起こるたびに作戦を変更したりして自軍にいたずらに混乱をもたらし、そして戦い半ばにして退却するということを繰り返していきます。

　どんなに能力が高くても、あるいは事前の計画がどんなに優れていても、過敏になってしまえば計画を完遂することができず、結局予期していた結果を得ることもできないという好例です。

　日本軍では、旅順要塞の攻略を担当した第三軍参謀長の伊地知幸介が、クロパトキンとは逆の失敗例を提供しています。彼は、当初

の作戦が失敗し、損害がかさんでいく状況のなかでも、自らの作戦に固執してさらに損害を拡大させてしまい、ついには日本軍の対露戦略全体を崩壊寸前にまで追い詰めてしまいます。

頑固さが非常に危険なものとなりうることを、この例は教えてくれます。

しかし、最も肝心な点は、クロパトキンや伊地知が特殊な例であるというよりも、むしろ誰もが陥ってしまいがちな傾向を示していると考えるべきだということです。

クロパトキンの過敏と伊地知の我執は、マーケットで最も頻繁に見られる失敗の典型例と同じ種類のものです。

結局、戦争も相場も人間心理によって形成されていくものである以上、そこで見られる現象もまた似通ってくるのかもしれません。

どんな投資家も、気づかないうちにクロパトキンや伊地知になってしまう危険性をもっています。名作『坂の上の雲』はそんなことも考えさせてくれます。

第7章 投資での成功に必要なもの

田渕直也(たぶち なおや)
1963年生まれ。85年一橋大学経済学部卒業。同年、日本長期信用銀行に入行。デリバティブを利用した商品設計、デリバティブのディーリング、ポートフォリオマネジメント等に従事する。その後、海外証券子会社であるLTCB International Ltdに出向。デリバティブ・ディーリング・デスクの責任者を務める。帰国後、金融市場営業部および金融開発部次長。銀行本体のデリバティブ・ポートフォリオの管理責任者を務める。2000年より、UFJパートナーズ投信(現・三菱UFJ投信)にてチーフファンドマネージャーとして、債券運用、新商品開発、フロント・リスク管理、社債投資、ストラクチャー・プロダクツへの投資などを担当。その後、数社を経て、現在も金融アナリストとして活動中。
『世界一やさしい金融工学の本です』『入門 金融のしくみ』『入門J-REITと不動産金融ビジネスのしくみ』(以上、日本実業出版社)、『最強の教養 不確実性超入門』(ディスカヴァー・トゥエンティワン)、『投資と金融にまつわる12の致命的な誤解について』(ダイヤモンド社)など著書多数。

図解でわかる
ランダムウォーク&行動ファイナンス理論のすべて

2005年4月10日 初版発行
2017年6月10日 第9刷発行

著 者 田渕直也 ©N.Tabuchi 2005
発行者 吉田啓二
発行所 株式会社日本実業出版社　東京都新宿区市谷本村町3-29　〒162-0845
大阪市北区西天満6-8-1　〒530-0047
編集部 ☎03-3268-5651
営業部 ☎03-3268-5161　振 替 00170-1-25349
http://www.njg.co.jp/

印 刷／厚徳社　　製 本／共栄社

この本の内容についてのお問合せは、書面かFAX(03-3268-0832)にてお願い致します。
落丁・乱丁本は、送料小社負担にて、お取り替え致します。

ISBN 978-4-534-03894-4　Printed in JAPAN

日本実業出版社の本

金融関連本

好評既刊！

田渕直也＝著
定価 本体1400円（税別）

田渕直也＝著
定価 本体1600円（税別）

田渕直也＝著
定価 本体2600円（税別）

田渕直也＝著
定価 本体1500円（税別）

定価変更の場合はご了承ください。